LENGUA ESPAÑOLA.
TEXTOS Y EJERCICIOS
Magisterio en Educación Primaria

Segunda Edición

Carmela Pérez-Salazar

EDICIONES UNIVERSIDAD DE NAVARRA, S.A.
PAMPLONA

Colección: Apuntes

Cupón para la Biblioteca Virtual

Accede a la versión eBook de este título por solo **1,99 €**. Con la compra de este libro puedes utilizar el siguiente cupón para la lectura en *streaming** desde la B blioteca Virtual. **Sigue estas instrucciones** para visualizar tu libro:

1. Dirígete a la web de la Biblioteca Virtual **https://ebooks.eunsa.es/library**.

2. En la web ve a **Iniciar sesión** e introduce tu email y contraseña. Si no estás registrado, deberás completar el proceso en **Registrarse**.

3. Tras registrarte, accede a la página del libro o lee el QR de esta página. Bajo el precio podrás **insertar el código oculto en el siguiente cupón** para activar la promoción.

Despegue para visualizar

Acceso directo al eBook

Canjéalo en ebooks.eunsa.es

*Con acceso a internet desde cualquier navegador.

© 2024. Carmela Pérez-Salazar
Ediciones Universidad de Navarra, S.A. (EUNSA)
Campus Universitario · Universidad de Navarra · 31009 Pamplona · España
+34 948 25 68 50 · www.eunsa.es · eunsa@eunsa.es

ISBN 978-84-313-3949-4
DL NA 1015-2024

Fotografía: *Charlotte May, en Pexels*

Imprime: Podiprint
Printed in Spain – Impreso en España

Índice

PRESENTACIÓN

En la actualidad, la lengua española es una de las materias fundamentales en el currículo de Educación Primaria, de acuerdo con la importancia que se concede al desarrollo de las competencias lingüísticas en los primeros ciclos de enseñanza: la lengua es medio para el aprendizaje y, al mismo tiempo, objeto de conocimiento en sí misma. Los estudiantes del Grado de Magisterio en Educación Primaria, futuros docentes de esta disciplina, han de ser capaces de describir con rigor el sistema lingüístico del español y de resolver las dudas que se presenten en el aula, y convertirse, además, en hablantes modélicos. Para lograr estos objetivos, necesitan una formación que les proporcione los conocimientos y habilidades de un experto.

Este libro pretende ofrecer a los estudiantes del Grado de Magisterio en Educación Primaria un instrumento con el que ampliar y fortalecer su competencia en español en todos los niveles (fonético, gramatical, léxico y pragmático) y ejercitar su capacidad de reflexión en materia lingüística. Se incluyen en estas páginas textos y ejercicios descriptivos y normativos, organizados conforme al temario de la asignatura *Lengua española* que se imparte en la Universidad de Navarra. En cada epígrafe se indican las cuestiones que se trabajan en el aula desde el punto de vista teórico.

EL ESPAÑOL. EL NOMBRE DE LA LENGUA. VARIEDAD Y UNIDAD DEL ESPAÑOL. LA VARIACIÓN DIACRÓNICA. VARIEDADES DIATÓPICAS O DIALECTOS. VARIEDADES DIASTRÁTICAS. VARIEDADES DIAFÁSICAS: REGISTROS Y ESTILOS DE LENGUA. CRITERIOS DE CORRECCIÓN. EL ESPAÑOL EN LA ACTUALIDAD

1. Señale, en los textos que siguen, todos los rasgos que difieren del español actual

Los de las torres dieron bozes al cauallero que se tornase. E él vínose para la puerta e preguntoles qué era lo que querían, e ellos le dixieron: "Cauallero, mester auíades otro conpañón". "¿E por qué?", dixo el cauallero. "Porque son dos caualleros bien armados e demandan sy ay dos por dos que quieran lidiar". "Çertas", dixo el cauallero, "non he aquí conpañón ninguno, mas tomaré a Dios por conpañón, que me ayudó ayer contra el otro, e me ayudará oy contra estos dos". "¡E qué buen conpañón escogiste!", dixieron los otros. "Yd en nonbre de Dios e Él por la su merçed vos ayude".

Anónimo, *Libro del caballero Cifar* (1300-1303), ms. del siglo XV

En este tiempo vino a posar al mesón un ciego, el cual, pareciéndole que yo sería para adestralle, me pidió a mi madre, y ella me encomendó a él, diciéndole cómo era hijo de un buen hombre, el cual, por ensalzar la fe, había muerto en la de los Gelves, y que ella confiaba en Dios no saldría peor hombre que mi padre, y que le rogaba me tratase bien y mirase por mí, pues era huérfano. Él respondió que así lo haría y que me recibía, no por mozo, sino por hijo. Y así le comencé a servir y adestrar a mi nuevo y viejo amo.

Como estuvimos en Salamanca algunos días, pareciéndole a mi amo que no era la ganancia a su contento, determinó irse de allí; y cuando nos hubimos de partir, yo fui a ver a mi madre, y, ambos llorando, me dio su bendición y dijo:

—Hijo, ya sé que no te veré más. Procura de ser bueno, y Dios te guíe. Criado te he y con buen amo te he puesto; válete por ti.

Y así me fui para mi amo, que esperándome estaba.

Salimos de Salamanca, y, llegando a la puente, está a la entrada de ella un animal de piedra, que casi tiene forma de toro, y el ciego mandome que llegase cerca del animal, y, allí puesto, me dijo:

—Lázaro, llega el oído a este toro y oirás gran ruido dentro de él.

Yo simplemente llegué, creyendo ser así. Y como sintió que tenía la cabeza par de la piedra, afirmó recio la mano y diome una gran calabazada en el diablo del toro, que más de tres días me duró el dolor de la cornada, y díjome:

—Necio, aprende, que el mozo del ciego un punto ha de saber más que el diablo.

Y rió mucho la burla.

Pareciome que en aquel instante desperté de la simpleza en que, como niño, dormido estaba. Dije entre mí: «Verdad dice éste, que me cumple avivar el ojo y avisar, pues solo soy, y pensar cómo me sepa valer».

Anónimo, Lazarillo de Tormes

2. En el texto que sigue, identifique y comente los rasgos que considere propios de una variedad dialectal

JUANITO. Mire, usté es nueva, ¿no?, ¿cuánto cobra por limpiá? Ha jablao ya con mi mujé, ¿no?

CARMITA. Sí, le cobro dosientas sincuenta por jora, asín que son quinientas las dos joras; por ahí están cobrando tresientas, y la guagua si vive lejos, ¿me entendió?

JUANITO. ¡Contra! ¿Por qué no dise que son cuatrosientas pa que salga más reonda la cuenta?

CARMITA. (Se para con la mano en la escoba y el brazo en la cara, así se queda un rato). Pues si jase cuenta bien, con las que cobran de la guagua que son unas cuarenta o cincuenta diarias... Jaga usté cuenta. Poco le falta, ¿o no? Por eso le digo que usté me ha cogío como una ganga, pa lo cara que están, porque yo soy una mujé trabajadora y buena, y honrá de manos, eso sí (hace un gesto). Dinguna me gana en mi trabajo porque jablo poco, ¿sabe? Y no como yo conosco a una que dise que se pega a la radio tóo el día y no jase sino media hora de limpiesa, ¡sinvergüensa!, cómo engañan a las señoras, pero jay gente pa tóo. Mire, yo no acostumbro a jablá de naide, pero esta de aquí al lao, que yo he estao trabajando con ella, es una viva, sí, mi niño, si viera lo que me dijo de la señora, que si patatín, que si patatán (daba zapatazos en el suelo), y mire usté, no sé de qué se la jecha; mire, con decirle que los lunes me dejaba una "pila" de losa (hace un ademán) pa que se la fregara yo. Usté sabe lo que pasaba, que la muy jedionda no fregaba ni el sábado ni el domingo, sino... ¡Hala!, que se la fregara Carmita, que soy yo... Y si vieran lo que comen, na más que piscos pacá, piscos payá; grasias a la lengua que tengo, que soy bien resibía donde vaya, sí señó, y le vuelvo a repetí que como yo, ¡dinguna! ¡Ay! Parese que tengo un poco de mareo, ¿me da un vasito de algo? (se sienta en el mostrador con la escoba entre las dos piernas, con gracia).

JUANITO. ¿Qué quiere que le ponga? ¿Un café con leche?

CARMITA. Y si tiene un pedaso de pan...

JUANITO. ¿Quiere pan con queso?

CARMITA. ¿El queso es de Guía?

JUANITO. Carajo, pues no pide poco usté, ensima que lo voy a regalá...

CARMITA. Oiga, que yo no se lo he pedío gratis, pero... si es la voluntá... ¡que sea!

Juana Macías Torcuato, "Las medicinas del bar". *Sainetes canarios*

3. Identifique los rasgos característicos de cada registro (formal/coloquial) y estilo en los textos que siguen

Habiendo resultado imposible la notificación prevista en el artículo 99.2 de la Ley Foral 13/2000, de 14 de diciembre, General Tributaria, por circunstancias que en cada caso obran en el expediente y de conformidad con lo dispuesto en el artículo 99.4 de la referida Ley Foral se publica el presente edicto y se comunica a los siguientes interesados para que comparezcan personalmente o debidamente representados en el plazo de quince días naturales, contados a partir del día siguiente a la publicación del mismo en el Boletín Oficial de Navarra, en las dependencias de la Sección de Asistencia al Contribuyente, sita en calle Esquiroz 16, de Pamplona, a fin de darse por notificados, advirtiéndoles que transcurrido dicho plazo sin comparecer se les tendrá por notificados de los correspondientes actos, a todos los efectos, desde el día siguiente al del vencimiento del mencionado plazo.

Se apercibe a los obligados tributarios que cuando la iniciación de la providencia de apremio o cualquiera de sus trámites se entiendan notificados por no haber comparecido por sí mismos o por sus representantes se les tendrá por notificados de las sucesivas actuaciones y diligencias que se dicten en el procedimiento de apremio, manteniéndose el derecho que les asiste a comparecer en él en cualquier otro momento. No obstante, la resolución de enajenación de bienes embargados se notificará, en su caso, con arreglo a lo dispuesto en el artículo 99 de la Ley Foral General Tributaria.

Plazo para recurrir:

Dentro del mes siguiente al día en que se tenga por efectuada la notificación, el interesado podrá interponer los recursos pertinentes.

Pamplona, 6 de marzo de 2024.—La jefa de la Sección de Recaudación Ejecutiva, Sonia Ruiz Millán. P. S. El director del Servicio de Recaudación (Resolución 664/2017, de 24 de octubre, del director gerente de la Hacienda Foral de Navarra), Javier Ezpeleta Iráizoz.

Boletín Oficial de Navarra nº 65. 27 de marzo de 2024

Los puristas se me van a lanzar al cuello, y lo siento por ellos, pero ayer preparé una menestra con verduras congeladas y estaba deliciosa. Que sí, que estamos en temporada y bla, bla, bla, pero yo llegué a casa corriendo (como siempre, ya lo dice mi madre) cuando el mercado ya estaba cerrado y no iba a dejar insatisfecho mi antojo de menestra. Os podéis tirar de los pelos si queréis, pero pienso repetir la operación siempre que pueda.

Me pareció una solución maravillosa. Solo tuve que hacer un sofrito con ajos y jamoncito serrano del rico y echar las verduras que días atrás había comprado ya congeladas en el mercado. Están bien de precio y para situaciones de estrés vienen muy bien. También las venden en los supermercados. Cada vez se encuentran en más sitios. Además le eché alcachofas, sí, también congeladas. Aquí ninguna de las verduras se libró de la crionización. El resultado fue una menestra rápida y deliciosa. ¡Nunca comer verduras fue tan fácil!

Sara Nahum, "Congelada, otra opción", *Diario de Navarra*, 27-V-2010

—Sí, sí, sí, aquí no se produce na: aquí, patatas y alguno... Alguno, pues los que somos así del pueblo, pues igual tienes una docena de gallinas pa tener huevos; lo demás, nada. Aquí todo... Hala, igual que la capital, a comprar por ahí a los supermercaos, o al Eroski, o a las tiendas, y luego to los días, o sea, una vez a la semana viene, viene uno, viene con una furgoneta, y ese trae de todo: chorizos, tomates, guindillas, aceite; o sea, a vender por los pueblos, pero vende nada más por los que somos de, de siempre, de labradores: a los chalés y así no va nunca.

—Ah... ¿Y el pan?

—El pan, viene to los días un panadero. Alegría, que recorre, coge de Vitoria, pero pues aquí repartirá en quince o veinte pueblos, o no sé; no sé cuántos, pero, vaya, viene to los, bueno, los domingos no viene, pero los demás, to los días.

—¿O sea que el panadero viene aquí todos los días?

—Sí, sí, el panadero sí. Y el pesquero también viene dos días a la semana, un pesquetero que hay ahí en Alegría: viene con una furgoneta, con un frigorífico, vaya, bien preparao, y viene dos veces a la semana.

—¿Y la carne?

—La carne... pues aquí, en Alegría, hay también una carnicería, y si no, pues en Vitoria. De Vitoria está a un paso.

Venga, venga, sentaros, sentaros, joder. ¿La vida típica de aquí?

—Sí.

—Pues qué te voy a decir yo. Siéntate áhi, ¿o quieres que traiga una silla?

—No, no, gracias.

—Bah, pues aquí la vida típica... prácticamente, oye, cada uno vive ya casi muy individual. No es como, como hace... cuarenta años que llegaba el domingo y te juntabas todos en el bar a echar una partida, unos juegos de bolos, pero la gente joven, oye, pues el uno se marcha... al cine si le gusta, el otro marcha por ahí a... donde sea, y prácticamente aquí los del pueblo así ya no se hace... Se vive muy individual. Muy individual.

—¿Y el, el pacharán se consume mucho aquí?

—Sí, es una bebida que como se hace aquí, como hay pacharanes, se recoge.

—Sí.

—Pues se hace, sí.

Fragmento de entrevista (adaptada del *Corpus Oral y Sonoro del Español Rural* [COSER])

4. Comente el siguiente texto. Explique en qué aspectos se manifiesta la diferencia social y regional de los distintos hablantes y los rasgos propios de la lengua hablada coloquial. Identifique los vulgarismos

—Cogiste el teléfono, ¿verdad? Y oíste una voz de hombre.

—No, señor.

—¿No?

—No, señor. Primero, voz de mujer, que preguntó que si era el número y yo la dije que sí, que ese era el número, pero que no había nadie, y ella, que aguardase, que llamaban desde Nueva York, y yo, casi temblando, le grité que a mí me hablasen en cristiano que, si no, el rastrillo de la chimenea se iba a enterar mejor que una servidora.

—¿Te hablaron en inglés?

—En inglés sería. Una voz de mujer. Pero la de acá le dijo algo, seguramente que una servidora sólo hablaba madrileño, porque siguieron entre ellas.

—Y luego, él preguntó por la señora.

—Eso es. Hablaba raro, pero lo pronunciaba todo. Oiga usted, ¡qué cosas!, lo mismito que si estuviese en el living. Y lo que yo digo, ¿cuántos kilómetros habrá de aquí a Nueva York? ¿Más que a Ceuta?

—Más.

—¿Como dos mil?

—Unos cincuenta mil.

—¡Válgame...!

—El señor ese, que hablaba raro, supongo que fue amable.

—Cincuenta mil... —tragó saliva—. Simpatiquísimo, Que quién era yo. Que la Merceditas. Que encantado de conocerme. Que la señora y el señorito, que es usted, estaban donde lo de la piscina de la señorita Bert, porque por aquí ya habían empezado los calores. Que por allí, por Nueva York, ¿usted me entiende?, también. Que bueno, pues que nada. Y yo, que a mandar. Que no me olvidase de decirla a la señora que él la había llamado. Que su gracia. No me cogía lo de su gracia. Que de parte de quién. Que no me entendía, o no me quería entender el tío maromo, ya se sabe lo que pasa muchas veces con los extranjeros. Y, entonces, intervino una de las telefonistas y dijo no sé qué. Y él se rió.

—Lo cuentas exacto, guapa. Te lo agradezco.

—Traiga que le eche un poco más de vino. ¿A que está bueno?

—Buenísimo. Me tenía preocupado lo de la conferencia.

...   .

¿Cómo te dijo que se llamaba?

—No lo dijo. Que telefonease la señora a Nueva York. Yo, después de la despedida, que me dijo adiós Merceditas y todo, y después que colgué porque la de los teléfonos me mandó que colgase, cogí un cacho de cartón, de los que tiene usted en la mesa del despacho, que, por cierto, había tres dedos de polvo, y un boligrafo.

—Bolígrafo.

—Y un bolígrafo, y allí me puse a escribirla el recado:

"KE LAN YAMAO HAUSTE DE NUEBALLOR Y KE YAME USTE AKIEN LLASAVE. LAMER-CEDITAS"

Juan García Hortelano, *El gran momento de Mary Tribune* (texto adaptado)

5. Identifique, en el relato que sigue, los rasgos dialectales y los rasgos atribuibles a la lengua literaria

Si le viene bien, tráigame El Hogar cuando vuelva —pidió la señora Roberta, reclinándose en el sillón para la siesta—. Clara ordenaba las medicinas en la mesita de ruedas, recorría la habitación con una mirada precisa. No faltaba nada, la niña Matilde se quedaría cuidando a la señora Roberta, la mucama estaba al corriente de lo necesario. Ahora podía salir, con toda la tarde del sábado para ella sola, su amiga Ana esperándola para charlar, el té dulcísimo a las cinco y media, la radio y los chocolates.

A las dos, cuando la ola de los empleados termina de romper en los umbrales de tanta casa, Villa del Parque se pone desierta y luminosa. Por Tinogasta y Zamudio bajó Clara taconeando distintamente, saboreando un sol de noviembre roto por islas de sombra que le tiraban a su paso los árboles de Agronomía. En la esquina de Avenida San Martín y Nogoyá, mientras esperaba el ómnibus 168, oyó una batalla de gorriones sobre su cabeza, y la torre florentina de San Juan María Vianney le pareció más roja contra el cielo sin nubes, alto hasta dar vértigo. Pasó don Luis, el relojero, y la saludó apreciativo, como si alabara su figura prolija, los zapatos que la hacían más esbelta, su cuellito blanco sobre la blusa crema. Por la calle vacía vino remolonamente el 168, soltando su seco bufido insatisfecho al abrirse la puerta para Clara, sola pasajera en la esquina callada de la tarde.

Buscando las monedas en el bolso lleno de cosas, se demoró en pagar el boleto. El guarda esperaba con cara de pocos amigos, retacón y compadre sobre sus piernas combadas, canchero para aguantar los virajes y las frenadas. Dos veces le dijo Clara: "De quince", sin que el tipo le sacara los ojos de encima, como extrañado de algo. Después le dio el boleto rosado, y Clara se acordó de un verso de infancia, algo como: "Marca, marca, boletero, un boleto azul o rosa; canta, canta alguna cosa, mientras cuentas el dinero." Sonriendo para ella buscó asiento hacia el fondo, halló vacío el que correspondía a Puerta de Emergencia y se instaló con el menudo placer de propietario que siempre da el lado de la ventanilla. Entonces vio que el guarda la seguía mirando. Y en la esquina del puente de Avenida San Martín, antes de virar, el conductor se dio vuelta y también la miró, con trabajo por la distancia pero buscando hasta distinguirla muy hundida en su asiento. Era un rubio huesudo con cara de hambre, que cambió unas palabras con el guarda, los dos miraron a Clara, se miraron entre ellos, el ómnibus dio un salto y se metió por Chorroarín a toda carrera.

"Par de estúpidos", pensó Clara entre halagada y nerviosa. Ocupada en guardar su boleto en el monedero, observó de reojo a la señora del gran ramo de claveles que viajaba en el asiento de adelante. Entonces la señora la miró a ella, por sobre el ramo se dio vuelta y la miró dulcemente como una vaca sobre un cerco, y Clara sacó un espejito y estuvo en seguida absorta en el estudio de sus labios y sus cejas. Sentía ya en la nuca una impresión desagradable; la sospecha de otra impertinencia la hizo darse vuelta con rapidez, enojada de veras. A dos centímetros de su cara estaban los ojos de un viejo de cuello duro, con un ramo de margaritas componiendo un olor casi nauseabundo. En el fondo del ómnibus, instalados en el largo asiento verde, todos los pasajeros miraron hacia Clara, parecían criticar alguna cosa en Clara que sostuvo sus miradas con un esfuerzo creciente, sintiendo que cada vez era más difícil, no por la coincidencia de los ojos en ella ni por los ramos que llevaban los pasajeros; más bien porque había esperado un desenlace amable, una razón de risa como tener un tizne en la nariz (pero no lo tenía); y sobre su comienzo de risa se posaban helándola esas miradas atentas y continuas, como si los ramos la estuvieran mirando.

Julio Cortázar, Ómnibus

6. En el texto que sigue, Pérez-Reverte reflexiona sobre el modo de trabajar de la Real Academia Española. Lea el texto y proponga algunos ejemplos recientes

La semana pasada, al contarles cómo y por qué entran ciertas palabras en el diccionario de la Real Academia Española, me dejé algunas cosas en el tintero, o en el teclado del ordenador. Folio y medio no da mucho de sí, de modo que he pensado rematar hoy la faena. La cosa venía, como quizá recuerden ustedes, de que a menudo una palabra incorrecta y a veces incluso opuesta a su sentido real, acaba haciendo fortuna, pasa al habla común y termina incorporada al diccionario, pues todo el mundo la utiliza y el diccionario está, precisamente, para comprender el significado que damos a las palabras, sean éstas y aquél los que sean. Un buen ejemplo de lo que digo es la palabra *álgido*. Proviene del latín *algidus*, que significa 'frío' o 'muy frío'. Con ese significado aparece en el diccionario Petit Robert francés, que es el mejor de aquella lengua, y en el Zingarelli italiano, que es el mejor de esa otra. Y *cold*, 'frío', es la única traducción que le da el *Oxford Latin Dictionary* apoyándose en Catulo, Catón y Horacio, entre otros autores clásicos que utilizaron esa palabra. Nada hay de caliente en ella, por tanto, excepto cuando se utiliza en España, donde hace mucho que el calor ha sustituido al frío. Es el único lugar donde esto ocurre, desde que a algún analfabeto con voz pública se le ocurrió echarlo a rodar con sentido incorrecto a mediados del pasado siglo. La transformación se oficializó en 1984, año en que la vigésima edición del diccionario de la RAE no tuvo más remedio que añadir a 'muy frío' una segunda acepción ('momento o período crítico o culminante de algunos procesos orgánicos, físicos, políticos, sociales', etc.) que terminó desplazando la original a un segundo lugar en posteriores ediciones. Y que todavía no ha incorporado la de 'muy caliente' pero está a punto de hacerlo, debido a que en la actualidad todo el mundo cree que *álgido* significa eso y lo utiliza en tal sentido: punto álgido, punto máximo de calentura.

Les calzo toda esta murga lingüística para que se hagan idea de lo complejas que son las palabras y su evolución, y de cómo ciertos errores o usos incorrectos, a fuerza de ser usados por masas de hablantes poco cultos, acaban imponiéndose incluso en sentido opuesto al que tienen. Otra cosa son los bulos que algunos indocumentados hacen correr sobre palabras supuestamente incorrectas incluidas en el diccionario como *almóndiga, toballa* y demás, ignorando que no se trata de vulgarismos modernos que la RAE admite, sino de palabras antiguas que figuran en textos clásicos y a las que, precisamente para marcar su antigüedad, se les pone la marca *desus.*, que significa 'desusado'. Lo mismo ocurre con términos ajenos al habla cisatlántica — *amigovio, bluyín*— pero frecuentes en la América hispana, que a un hablante de aquí le suenan raros pero allí son habituales, y por tanto deben figurar en un diccionario panhispánico dirigido a 570 millones de personas de las que sólo una pequeña parte vivimos a este lado del Atlántico.

Dirán algunos de ustedes, y es natural, que tanto la Academia Española como sus hermanas de América deberían salir al paso de los errores, señalándolos para evitar que se extiendan. Y a mi juicio tienen razón, pero el asunto es delicado. En la RAE llevamos mucho tiempo discutiendo sobre eso, pues hay dos posturas enfrentadas. Una es la de quienes creemos —casi todos, escritores y gente con actividad pública— que la Academia debe señalar errores y fijar normas de uso, del mismo modo que lo hace en su Gramática y su Ortografía. Algunos de nosotros llevamos diez o quince años pidiendo, sin conseguirlo, que la RAE tenga una política eficaz de comunicación activa, incluido un acto público anual para hacer balance del estado de la lengua española y llamar la atención sobre incidencias de esa clase. Otros, sin embargo —y en esta postura se atrincheran varios académicos filólogos—, opinan que la lengua debe dejarse en completa libertad, y que la RAE sólo debe registrar los usos sin advertir de nada a nadie. Que la vida siga su curso, y nosotros, a mirar. Esa tensión entre dos posturas, la activa y la pasiva ante los errores y transformaciones de las palabras que usamos, sobre los límites o señales de peligro que deben o no ponerse junto a ellas, da lugar a interesantes y a veces ásperas discusiones académicas, y sigue sin resolverse. Sin embargo, no debería ser sólo asunto nuestro. También ustedes, usuarios de esa formidable herramienta común que es la lengua española, deberían interesarse más. Y cuidarla. La RAE es una institución importante y necesaria, pero el habla pertenece a todos. Nada de cuanto en ella ocurra nos es ajeno. Al fin y al cabo, las palabras que usamos son las que conforman nuestra vida. Las que definen el mundo.

Arturo Pérez-Reverte, "De muy frío a muy caliente", *XL Semanal*, 7-VII-2019

LA PRONUNCIACIÓN.
DIFICULTADES Y ERRORES DE PRONUNCIACIÓN

1. Comente la pronunciación que se reproduce en las siguientes palabras. Identifique y explique las alteraciones que descubra

acabado	acrobacía	adecúa
adsorber	aeródromo	afusilar
alante	almóndiga	amedentrar
arradio	arrascar	atiforrarse
callaz	cardo ('caldo')	careada
celebreidad	cénit	chalé
cocreta	cuádriga	cuete
curasán	dentrífico	desaveniencia
destornillarse	diotría	direzto
defezto	disgresión	eccétera
eclepticismo	elite	en albis
enquencle	enraice	entoavía
erupto	eslogan	esparramar
espaviento	esplícito	estao
expédito	expléndido	ex proceso
extrovertido	florescente	fraticida
gaseoducto	geráneo	grandielocuencia
homogenizar	idiosincracia	in fragante
inagurar	infración	inglesia

istinto	kilógramo	licúe
madastra	metereólogo	monobús
muchismo	naide	objección
levantau	pedrestre	perpretar
pograma	presignarse	preta
preveer	proviniente	rescinsión
retahíla	setiembre	síles
soldao	superitición	supistes
sútiles	tiatro	témpura
toballa	vagamundo	ventiuno
vidio	tiatro	toballa

EL LÉXICO EN ESPAÑOL ACTUAL. EL *DICCIONARIO DE LA LENGUA ESPAÑOLA* Y EL *DICCIONARIO PANHISPÁNICO DE DUDAS*. PROCEDIMIENTOS MORFOSINTÁCTICOS Y SEMÁNTICOS DE FORMACIÓN DE PALABRAS. LA INNOVACIÓN POR PRÉSTAMO. CUESTIONES NORMATIVAS

1. En la relación de voces que sigue, distinga las palabras primitivas de las derivadas. Identifique los procedimientos de formación en su caso. Señale el valor que aportan los prefijos y sufijos y la categoría a la que pertenece la voz resultante

vaivén	transportista
predispuesto	parduzco
exquisito	revolver
contraprestación	sintético
zapatilla	parabrisas
enrarecer	enturbiar
perjuicio	superlativo
extracorpóreo	navarrismo
cese	tendedero
bloguero	violáceo
archisabido	grandote
limpiaparabrisas	bocata
postureo	aeródromo
videoteca	pueril
cantante	candidez
buzonear	palidecer
liberalismo	alumnado
pagafantas	prácticamente
mercadillo	perjudicar
ensimismado	majísimo

2. El siguiente texto se refiere a las siglas como procedimiento de creación de palabras. Observe en qué consisten las distintas fases de lexicalización

Por las siglas de las siglas

Que las siglas nos rodean es algo patente. No hace falta que se mueva de donde me está leyendo para comprobarlo. ¿Está usted navegando la **WWW** a través de **ADSL**? ¿Tiene su **PC** un **DVD** o un **CD-ROM**? ¿Tiene la **TV** sintonizando la **UHF** o ya se ha apuntado a la **TDT**? ¿Trabaja para una **pyme** o bien estudia **EGB**, **FP**, **ESO** o **COU**? ¿Ha cogido alguna vez el **AVE** o el **Talgo**? ¿Colabora con una **ONG**? ¿Se siente capaz de leer este párrafo desplegando todos estos acrónimos en su locución original?

Esta "moda" de reducir conceptos polivocablos a sus iniciales no es, como pretenden algunos, nueva ni deleznable. Los romanos ya eran grandes acronimistas, grababan la leyenda **SPQR** en sus monumentos y **RIP** en sus tumbas. De las tres lenguas en que fue escrita la leyenda en la cruz de Jesucristo sólo permanece en la tradición la latina **INRI**. Por su parte, los Reyes Católicos inundaron el naciente imperio de inscripciones con las letras **TM** casi al mismo tiempo que los Habsburgo austriacos se aplicaron en su divisa una muy imaginativa **AEIOU**.

Con mente pesimista podríamos pensar que los acrónimos suponen un pequeño fracaso en la generación de palabras, una incapacidad para sacar un nuevo monema ante cada nuevo concepto [...]

Pero este mecanismo es tan normal que en ocasiones no recordamos que el término empleado fue en origen un cúmulo de palabras. Tal es el caso de **láser, ovni** o **radar**. Generalmente, cuando la amalgama de iniciales parece formar sílabas y dado que el uso actual suele prescindir de los puntos separadores, rápidamente alcanza la alianza de letras el rango de nombre común, se minusculiza, se cuenta por unidades, flexiona al plural en forma regular y acepta de buen grado artículos y adjetivos en el uso coloquial y desde luego en el periodístico: la policía detiene a varios **grapos** montaraces, una empresa resiste las **opas** hostiles, un famosillo (o sea, un **VIP**) reconoce tener el **sida**, un infartado ha escapado vivo gracias a la celeridad con la que acudió una **uvi** móvil y un anuncio nos recuerda que, cercana la estación playera, es hora de protegerse contra los traicioneros rayos **UVA**.

En otros casos, cuando el conjunto es decididamente impronunciable, la admisión entre los sustantivos es más complicada, aunque algunos ostentan el mérito de haber desarrollado vocablos admitidos al diccionario con base en su propio deletreo, como **elepé (LP), dedeté (DDT), tebeo (TBO)** o **cederrón (CD-ROM)**.

Mención aparte merece la palabra **inri**, que ha devenido en sinónimo de ignominia y recochineo, significado muy distante de su original mensaje.

Ante esta previsible evolución de anagrama a vocablo, las siglas han comenzado el asalto al **DRAE**, que ya registra entre sus entradas decenas de estos neologismos, tales como **DVD, CD-ROM, pyme, ADN, opa, uci, uvi, IPC** o **DNI** (este último previsto para la anhelada 23ª edición), buscándose con tales incorporaciones un mejor reflejo del habla en su hábitat natural.

Mas su singular etimología no excusa a estos términos del cumplimiento de una serie de reglas generales, entre las que se incluyen la de mantener las mayúsculas si se pronuncian letra a letra (**ADN, PIB**) y, en tal caso, se prescinde de las tildes y es invariable el plural: los **DNI**, los **VIP** y las **ONG**, pero jamás debe añadirse una s en inaceptable calco del inglés (*IPCs*), menos aún apostrofada (*DVD's*, lo que ni siquiera los anglohablantes hacen) ni tampoco, tras consonante final, el sufijo "-es", como en *ONGes*, mamarracho éste que ya me he topado en alguna publicación impresa y que delata que su autor, de ortografía de siglas, **NPI**.

Blog de Miguel A. Román, 28-V-2006
<http://lilbrodenotas.com/romanpaladino> (texto adaptado)

3. Comente los términos que aparecen en cursiva en estos textos periodísticos

La marquesa está triste... ¿qué tendrá la marquesa?

Pobre Tamara Falcó. La marquesa del "riñón" y su príncipe "azuloscurocasinegro" han roto dos días después de producirse el auncio de *engagement*. Los dos extortolitos se han dado un *unfollow* y ya no comparten *stories*.

Él se había ido de *shopping* —y *too much* de otras cosas— y le había regalado un anillo muy *cool* de 145 000 euros, que ahora estará en Wallapop. Lo seguro es que al próximo *brunch* de la Preysler no le invitan: al enemigo, ni bombones *random*. Y para colmo, Risto Mejide también ha roto con su *crush*, que es *influencer*. Qué fuerte, este finde han hecho *crash*.

Daniel Aldaya, En línea. *Diario de Navarra*, 27-IX-2022

Veroño azul

Este fin de semana se produjo la realidad paralela de Matrix entre verano y otoño: uno guardaba fila en el castañero y a pocos metros repetía cola en la heladería.

Del mismo modo, era posible acudir a las fiestass de Villava como si fuera agosto y luego hacerse con unos churros en la Mañueta (ese fenómeno que se disfruta muy pocas veces al año, con una espera de algo más de una hora, un *nanosegundo* en el *metaverso*, que diría Tamara). Y qué me dicen del balón; podía estar dentro de la portería de Osasuna y después en la del Madrid. Ah, *otoñillo*, gélido por la mañana y cálido por la tarde. Oh, *veranillo* de San Miguel.

Daniel Aldaya, En línea. Diario de Navarra, 4-X-2022

No ni na

Dice Trump que la *seño* le tiene manía. Que qué ha hecho él que sea tan grave. Total, por llevarse los deberes a casa, a su mansión de Palm Beach, encima de que ha hecho la tarea de otros. Reconoce que tiene mal perder, pero eso sucedería en el hipotético caso de que hubiese perdido las elecciones para ser delegado de clase, que como todo el mundo sabe, ganó holgadamente. Tampoco tiene la culpa de que su cuadrilla se revuelva y se disfrace de Toro Sentado para asaltar el *insti*. Ni ha falsificado las notas, ni ha sobornado a los *profes*, ni ha sido condenado por cosas feas. Na de na.

Daniel Aldaya, En línea. Diario de Navarra, 9-VIII-2023

4. En los enunciados que siguen, señale los términos y expresiones utilizados en sentido metafórico y compruebe si están incluidos en el Diccionario de la Lengua Española[1]. Compárelos con las metáforas del relato de Cortázar del tema 1

1. Acercaron la jirafa para la toma de sonido.
2. Al organizar el texto se me quedó una línea viuda y tuve que arreglar la página.
3. Se rompió la horquilla y no pude remar bien.
4. Alfredo realizó una magnífica vaselina y marcó un gol en el último minuto.

---

1. Tomados de M.V. Romero, *La enseñanza del léxico español con fines específicos*, Pamplona, Eunsa, 2018.

5. No consigo meter el hilo en el ojo de la aguja.

6. En este puente me voy a la playa.

7. Necesito el gato para quitar la rueda.

8. Me pillaron con dos chuletas en el examen de matemáticas.

9. Se me ha roto el cuello de la botella.

10. Tiene buen ojo para los negocios.

11. Aquella casa era una balsa de aceite.

12. Ese chico ha perdido un tornillo; no dice más que tonterías.

13. Te crees un pozo de sabiduría, pero no eres más que un pedante.

5. *Indique si en los siguientes enunciados algún término se emplea de modo eufemístico. Señale las causas que provocan el eufemismo y los procedimientos empleados*

1. La empresa FMA anuncia un ajuste de 2.517 empleos, un tercio de la plantilla.

2. La CE prevé un crecimiento negativo de la economía en el primer trimestre de 2003 (*El Mundo*, 5 de diciembre de 2002).

3. Arabia Saudí permitirá el uso de su espacio aéreo y las pistas de la inmensa base Príncipe Sultán, a las afueras de Riad, para las operaciones de EEUU contra Irak (*El Mundo*, 5 de diciembre de 2002).

4. Don Pedro Laín Entralgo ha fallecido. Nos ha dejado. El mundo de la cultura hispana se resiente de tan valiosa pérdida. Laín Entralgo a la edad de 93 años nos dijo adiós.

5. Microsoft y la entidad pública empresarial Red.es han alcanzado un acuerdo de colaboración en materia educativa, por el que la compañía estadounidense invertirá en torno a 25 millones de euros en centros escolares de zonas económicamente desfavorecidas (*El Mundo*, 9 de mayo de 2003).

6. En el texto que sigue se presenta una parodia del lenguaje "políticamente correcto". Señale las voces y construcciones eufemísticas que encuentre. Indique qué realidades se evita mencionar y cuáles son los procedimientos lingüísticos que se emplean

Suena el teléfono. Una voz que presenta una disfunción vocalizadora repetitiva pregunta por por por la-la-la fe-fe-fe-rretería. Se ha equivocado de número. O mejor dicho, ha tenido un imprevisto intento comunicativo no válido. Mientras me afeito oigo la radio. El locutor informa de que han encontrado el cuerpo de una persona no viva entre los escombros de un edificio no apto para la habitabilidad. La Policía ha detenido en un barrio residencial periférico a tres ciudadanos psíquicamente diferentes como presuntos sospechosos de la carencia de vitalidad del cuerpo hallado. Los familiares de la persona no viva han dado vehementes muestras de su estado psicológico no sereno. Apago la radio y salgo a la calle. Un hombre de visión no operativa vende cupones [...] Un anciano verticalmente desajustado solicita con la mano extendida la colaboración de los ciudadanos en la normalización de su economía. En un bar, un grupo de funcionarios municipales expertos en limpieza pública hablan de cine: "Anoche pusieron una película de comanches y comanchas en la que todos y todas huían al final en sus caballos y yeguas por culpa del asedio étnico del 7º de Caballería" [...]

Un operario encargado de la comercialización ambulante de los productos del mar pregona su mercaduría: "¡Lenguados de estero de estructura corporal no delgada!" [...]

El coche de una agencia de pompas no vitales pasa con el habitáculo de una persona no viva en su interior. "¿Quién es la persona no viva?", me pregunta el estanquero. "El guarda forestal", le contesto. "¿Y de qué dejó de ser persona viva?", me pregunta. "Un desgaste celular del hígado médicamente no controlable", le contesto. "Es que era una persona no aficionada a las bebidas de refresco", comenta el estanquero. "La verdad es que bebía como un cosaco", dice salvajemente un fumador no regenerado que ha entrado en el estanco. "De algo hay que dejar de ser persona viva. Somos no alguien", comenta con filosofía el estanquero.

Felipe Benítez Reyes, "Políticamente correcto", ABC, 3-XI-1995

7. *Identifique y describa los procedimientos de creación de palabras que encuentre en el texto que sigue*

Depp y el Llanero Solitario

Los viejos westerns han ido perdiendo brillo con el paso del tiempo, aunque de vez en cuando regresan a la cartelera con su carga histórica y tipos como el llanero solitario que acaba de rescatar Disney en *The Lone Ranger* (El Llanero Solitario).

En la piel del personaje ficticio, nacido en 1933 como parte de un programa de radio, se ha metido el polifacético Armie Hammer, secundado por Johnny Depp, que interpreta el papel de Tonto (Toro en América Latina), el indio nativo que acompaña al ranger de Texas en todas sus aventuras. Quizá por eso Depp es el personaje central, que a lo largo de 140 minutos narra con una serie de flashbacks la historia del célebre agente de la ley [...]

El actor que da vida al mítico personaje asegura que no fue difícil encontrar la química con Depp. Resulta fácil "cuando te encuentras con alguien tan brillante y humilde". Sobre el tono de la película, el californiano indica que "mucha gente ha crecido con el personaje, y por eso queríamos respetar su origen, pero también hay generaciones que no lo conocen, y eso nos permitió darle un toque moderno y divertido", el de la interacción entre el indio americano y el cowboy del oeste [...]

Pero no todo ha sido color de rosa para Disney, que se encontró con numerosos problemas presupuestarios a lo largo del camino. De los 250 millones con los que contaba inicialmente, se pasó a 215 millones como parte de un recorte para restar riesgo al proyecto. Sin embargo, el mal tiempo obligó a reconstruir parte de los sets y acercarse de nuevo a la cantidad prevista de inicio. Todo ello en un rodaje que ha pasado por distintos estados [...] pero que promete lucir y mucho en taquilla. El sello Disney no suele decepcionar, y menos con Johnny Depp a bordo.

Liliana Martínez-Scarpellini, *Diario de Navarra*, 4-VII-2013 (texto adaptado)

8. Identifique las que considere impropiedades léxicas en las siguientes oraciones. Consulte el Diccionario de la Lengua Española y el Diccionario Panhispánico de Dudas

1. Descambiaré el jersey por una camisa.

2. El linier no visionó el fuera de juego.

3. El árbitro señalizó el final del partido.

4. El Ministro español de Asuntos Exteriores se entrevistó con su colega francés.

5. El equipo está preocupado por la climatología.

6. En breves minutos estaremos con ustedes.

7. En este lapsus de tiempo hablaremos de política.

8. En la próxima reunión contemplaremos la posibilidad de instalar un marcador.

9. En un momento puntual se hizo un silencio absoluto.

10. Esta redacción adolece de variedad.

11. Esta patología se produce cuando el ritmo del corazón se altera.

12. Ese espíritu de solidaridad hay que conculcárselo a la sociedad.

13. Ha pecado de una inocencia espasmosa.

14. Has infligido una norma.

15. Hay que arreglar las cuestiones domésticas del club.

16. El árbitro nos pareció muy hogareño.

17. Hubo que hacer una apertura en la pared.

18. Juego un papel muy importante en mi empresa.

19. Los marcadores permanecen inalterables.

20. La oposición valoró negativamente las medidas del gobierno.

21. La portería pasó por momentos conflictivos en el segundo tiempo.

22. Sus comentarios en la prensa nos han infringido un gran perjuicio.

23. La temática que vamos a tratar hoy en este programa es el paro.

24. La fábrica ya se encuentra operativa.

25. Los ministros urgen al Presidente a resolver la crisis del gobierno.

26. Mañana tendrá lugar la abertura del Curso Anual de Manualidades.

27. Me pagó en especias.

28. Se está barajando la posibilidad de aumentar la plantilla.

29. El secreto de este plato está en las especies.

30. Tengo unas anginas muy sanas.

31. Los insectos siempre me han provocado esgrima.

9. Identifique las palabras cliché en el texto que sigue. Comente a qué se debe el uso de estas voces y explique el efecto que produce

Al día siguiente le abría las tripas a mi cerdo. Mi cerdo es una hucha de barro. Generalmente la gente rompe el cerdo cuando tiene la hucha llena; pero como yo nunca espero a tenerla llena y siempre quiero abrirla cuando suenan dos o tres monedas porque más no aguanto, mi padre le hizo una ranura secreta en la barriga y todos tan contentos: ni yo tengo que romper la hucha ni ellos tienen que comprarme una cada domingo.

Tenía ciento cincuenta pesetas. No era mucho. La verdad es que sólo llevaba ahorrando un fin de semana; eso no daba ni para comprar las bufandas esas a las que mi abuelo tenía tanto asco. Si hubiera tenido dinero me hubiera gustado comprarle una dentadura postiza. Es que la que tiene se la hicieron un pelín grande y como se ponga a comer algo duro es un desastre mundial: acaba por quitarse la dentadura con el trozo de carne clavado en sus dientes postizos.

Me llevé las ciento cincuenta pesetas al colegio. Estaba a punto de gastármelas en el Puesto Azul —el Puesto Azul es el puesto del señor Mariano, que tiene todas las chucherías conocidas en uno y otro confín—, en una bolsa de canicas rojas que le han traído al señor Mariano desde China; pero me eché para atrás porque desde que el Imbécil estuvo a punto de ahogarse con mis canicas, mi madre las tiene bastante prohibidas. Nada de canicas. Luego vi unos sobres que tiene de indios, pero es que los indios del señor Mariano no se tienen de pie, y a mí me gusta que se tengan de pie para hacer una montaña con el cojín y poner a todos los indios asomando sus plumas por detrás, como en las películas. Nada de indios. Luego vi una peonza, pero ya tenía. Un yoyó, ya tenía... ¿A que no sabes lo que vi de repente, sin previo aviso? Una dentadura de Drácula. No tenía dinero para una dentadura de dentista, pero sí para comprarle a mi abuelo una de Drácula. Me gastaría el dinero en mi abuelo. En ese momento fui la mejor persona que he conocido en mi vida, sin exagerar. Fui como ese niño del cuento que es capaz de morir por salvar a su abuelo. Menos mal que yo no me veía en la obligación de morir, porque, la verdad, eso me lo hubiera pensado dos veces.

Elvira Lindo, Manolito Gafotas: un cumpleaños feliz

10. Verbos cliché. Sustituya el verbo tener *por otro más preciso*

1. A causa de la sequía, las cosechas han tenido muchos daños.

2. Aquella higuera tenía unos higos dulces como la miel.

3. Aquellas salidas de tono le hicieron tener muchas enemistades.

4. Aunque tenía una grave enfermedad, siempre estaba de buen humor.

5. Aunque tuviera grandes contrariedades, Pedro tuvo ante aquella difícil situación una sangre fría increíble.

6. Durante la primavera pasada, todos los niños de esta escuela tuvieron el sarampión.

7. El claustro de profesores tuvo ayer una reunión.

8. El pobre hombre tiene unos dolores de estómago insoportables.

9. El teatro tiene ahora una mala época.

10. Esta nueva forma de relajación tiene innumerables ventajas.

11. Esta secta religiosa tiene cada vez más adeptos.

12. Es un gran coleccionista de antigüedades, y tiene objetos muy diversos.

13. Este muñeco puede tener distintas formas.

14. Hemos habilitado una planta para tener a los familiares de los estudiantes.

15. La resistencia francesa tuvo un papel importante durante la guerra.

16. Los actuales famosos tienen una vida a todo tren.

17. Mi profesor tenía un gran cariño por mí.

18. Mis tíos tenían muchos olivares en la provincia de Jaén.

19. No respetar las luces de tráfico tiene muchos peligros.

20. Su propuesta de reforma ha tenido bastante éxito en la presente legislatura.

21. Tenía grandes esperanzas de que todo terminara con éxito.

22. Todos nuestros actos deben tener un fin noble.

23. Trabajar sin interés nunca tiene buenos resultados.

24. Tus padres y los míos han tenido siempre buenas relaciones.

25. Tus primos deberían tener mejor conducta.

Haga lo mismo con el verbo *hacer*

1. A mi abuelo le gustaba hacerse sus propios cigarrillos.

2. Barcelona fue la primera ciudad europea que le hizo un monumento a Fleming.

3. El médico le hizo la receta que él le pidió.

4. El Tratado de los Pirineos se hizo el 7 de noviembre de 1659.

5. En algunas culturas preincaicas se hacían sacrificios humanos a los dioses.

6. En la vida se hacen muchos errores.

7. Esta fábrica hace una porcelana muy fina.

8. Están haciendo un edificio en la plaza que desentona con el estilo arquitectónico del lugar.

9. Las Cortes están haciendo un nuevo proyecto de ley.

10. Le acusaron de un crimen que él no había hecho.

11. Lo hicieron papa en octubre del año pasado.

12. Lo hicieron presidente del Consejo de Ministros.

13. Lo hicieron representante de los intereses de la comunidad.

14. Lo hicieron rey a los dieciocho años.

15. Los alumnos podrán pedir que se les haga un certificado.

16. Los dos bandos hicieron una lucha sangrienta.

17. Miguel Ángel hizo bellísimas esculturas.

18. Mis hijos han hecho los estudios que han querido.

19. Para llegar a la cumbre, hicieron un último esfuerzo.

20. San Benito hizo la orden de los benedictinos.

21. Se amenazó a los huelguistas con hacerles un expediente.

22. Todos mis hermanos han hecho grandes fortunas.

Haga lo mismo con el verbo *haber*

1. Antes de la civilización helénica hubo otras muy importantes.
2. Bajo su aspecto amable hay una persona muy complicada.
3. Hay un gorrión en el jardín de mi casa.
4. Cuando hay fútbol no hay gente en la calle.
5. Después de las elecciones hubo pactos inesperados.
6. Durante las fiestas habrá actos oficiales.
7. En la dictadura hubo muchas conjuras.
8. El mundo se moderniza, pero hay costumbres que nunca cambiarán.
9. En el Pirineo hay siempre muchos niños de campamento.
10. En el estadio había banderas de los países que participaban.
11. En el estadio había jugadores de diez equipos.
12. Hay pocos lugareños en este pueblo.
13. En la lista de pasajeros había más nombres que plazas.
14. Hay un cuadro en el museo que es la admiración de todos.
15. En la propaganda de la película dicen que hay artistas de talla.
16. Entre todos los actores de esta comedia hay uno que es magnífico.
17. Esta noche no hay estrellas.
18. Hay rumores sobre posibles cambios en el Gobierno.
19. Hubo problemas de última hora y no se pudo abrir el negocio.
20. No hay una gran distancia entre su casa y el lugar donde trabaja.
21. Siempre hay una luz en el pasillo cuando el niño duerme.

Haga lo mismo con el verbo *decir*

1. En mi currículum he olvidado decir algunos detalles.
2. Quisiera decir mi propia teoría sobre esta cuestión.
3. Nos acaban de decir lo que ha ocurrido.
4. Su profesor les dijo con claridad lo que significaba aquella palabra.
5. Tienen ustedes libertad para decir su opinión.
6. Se nos ha dicho oficialmente que quedábamos despedidos.

7. Si no me hubieras dicho que nos faltaba harina, no la habría comprado.

8. Mi jefe me dijo que fuera más puntual.

9. Estaba tan agradecido a los médicos que no sabía cómo decírselo.

10. El secretario del rector ha dicho a los profesores que se espera una inminente subida de sueldo.

11. Te he dicho muchas veces que no se habla con la boca llena.

12. Nos habían dicho muchas veces que esto podía suceder.

13. Al empezar el acto, el Presidente dijo unas palabras.

14. Voy a abandonar mi trabajo— dijo Ramón. —¡No te lo crees ni tú!— dijo su madre.

15. Nos dijo que probáramos el pastel de queso.

11. Elimine todo lo innecesario en los siguientes textos[2]. Proponga las correcciones que considere necesarias

En muchas partes del cuerpo como son las manos, las orejas o los pies, están representados todos los órganos y partes del cuerpo. Incidiendo sobre estas zonas se pueden crear arcos reflejos que actúen directamente sobre cualquier órgano del cuerpo y que solucionen cualquier anomalía que exista.

A nivel de expresiones, el hecho de repetir a menudo algunas palabras actúa de alguna manera como un proceso de fijación de auténticas muletillas o clichés lingüísticos. Personalmente, pienso que se pueden utilizar de entrada en función de llenar vacíos, a raíz de articular una frase coja —y, también, evidentemente, en base a la moda verbal del momento—, pero en cualquier caso se abusa de ellas sin motivo en el acto de repetirlas.

2. Tomados de D. Casany, *La cocina de la escritura*, Barcelona, Anagrama.

12. Comente el léxico de estos enunciados. Modifique lo que considere oportuno

1. Este artículo, en definitiva, viene a decir prácticamente lo mismo que el de la semana pasada, pero con más ejemplos prácticos.

2. Nuestros clientes eligen su vivienda en zonas residenciales como esta, sobre todo por el *confort* y el bienestar que encuentran.

3. El director nos ha soltado un *speech* al punto de la mañana que nos ha dejado temblando.

4. El Departamento de Salud ha puesto en valor la propuesta de los hospitales.

5. Si el Consejero de Salud no atiende nuestras demandas por la vía del diálogo, tendremos que buscar medios más contundentes.

6. Las normas de este colegio deben aprenderse ad litteram.

7. Seis heridos por arma blanca en un hotel que acoge inmigrantes.

8. Para presentarse al examen, el justificante de matrícula será condición *sine qua non*.

9. Con ese cambio de *look* pareces un auténtico *rocker*.

10. Más de trescientas personas acudieron al *dentibús* para una revisión dental.

11. El terrorista se dio a la fuga a bordo de una camioneta roja, y en breves segundos desapareció del mapa.

12. Dos jugadores perdieron la verticalidad al unísono.

13. Para trabajar aquí es obligatorio el título de ESO.

14. La dimisión del presidente era ya vox populi cuando los periódicos transmitieron la noticia.

15. Señora: dígale al *chef* que el *rosbif* estaba intratable.

16. Si desea hacer uso de la palabra, levante la mano; el moderador, en el transcurso del programa, le indicará cuándo puede hablar.

17. La película tiene unos *gags* divertidísimos.

18. Llevo tres años trabajando gratis et amore.

19. Voy a hablar con mi *esthéticienne* a ver si me da hora para el martes.

20. *Okay*: nos vemos el sábado en el *party* de Elisa.

21. En el mismo pack vienen dos latas de regalo.

22. Es imposible seguir una película si la interrumpen cada diez minutos para los *spots*.

23. Hizo mención de salir, pero luego se quedó toda la noche.

24. Cuando lleguemos a Lisboa haremos una *tournée* para visitar los stands de la exposición. Así podrán ustedes comprar *souvenirs*.

25. El gobierno y la oposición han llegado a un acuerdo taciturno.

26. El funeral se celebrará de corpore insepulto.

27. Es que me da cosa ir a la fiesta sin conocer a nadie.

28. El equipo necesita un nuevo *sponsor* para la temporada que viene.

29. Una piqueta y una azada son chismes muy diferentes.

30. Pásame la mostaza y el kétchup.

31. Se ha comprado un cacharro muy raro para cortar patatas en una tienda *online*.

32. Un individuo ha ingresado en el hospital a causa de la paliza propiciada por unos cabezas rapadas.

33. En su reclamación había un sobredimensionamiento del problema.

34. En este vecindario hay una atmósfera desagradable.

35. En aras de un mayor entendimiento, se pactarán en el Congreso turnos de palabra alternativos.

36. Es un trabajador ejemplar; hace todo lo que debe de motu propio.

37. Varios ancianos han fallecido en un centro de la tercera edad.

38. Los aleros han hecho un partido impecable.

39. Las plataformas también se apuntan a los *realities*.

Apéndice. Latinismos

Ab aeterno: 'desde siempre':

Ab intestato: 'sin testar'. Se emplea en procedimientos judiciales sobre herencias del que muere sin testamento.

Accésit: en los concursos o certámenes, se denomina así al segundo o tercer premio. Significa literalmente 'se acercó'.

A latere: castellanizada como adlátere: 'compañero inseparable', significa 'al lado' o 'de cerca'.

A posteriori: 'de lo posterior'. Se expresa así la demostración que consiste en ir del efecto a la causa. Hoy se emplea también con el significado de 'después de examinar el asunto del que se trata'.

A priori: 'de lo que precede', 'con anterioridad'. Se emplea referida a lo que sucede con anterioridad a un hecho o circunstancia determinada:

A quo: 'a partir del cual'. Se emplea sobre todo referida a fechas, opuesta a *ad quem*: *término a quo* ('desde el cual), frente a *término ad quem* ('hasta el cual').

Ad calendas graecas: significa un plazo que nunca va a cumplirse, puesto que en el calendario griego no hay calendas.

Addenda: adiciones o complementos de una obra escrita.

Ad hoc: 'para esto', 'a propósito de esto', 'para el caso'.

Ad litteram: 'al pie de la letra'. Se emplea también *ad pedem litterae*.

Ad sensum: 'desde el sentido'. Se emplea en usos gramaticales como este: concordancia ad sénsum, es decir, por el sentido, y no por la forma gramatical.

Alea iacta est: 'la suerte está echada', 'ya no hay remedio'.

Alias: 'por otro nombre', 'de otro modo'.

Alma mater: 'madre que alimenta'. Antiguamente designaba a la patria; hoy, a la universidad. La palabra *alma* es un adjetivo latino en femenino, y significa 'que nutre'. No tiene que ver con el castellano *alma*, procedente de *animam*. Por tanto, debe decirse *la alma máter*, no *el alma máter*; es decir, no le afecta la norma que exige el uso de la variante *el* del artículo femenino.

Alter ego: 'otro yo'. Persona que se identifica con otra.

Ante meridiem: 'antes del mediodía'. En abreviatura: a.m

Ars longa, vita brevis: 'el arte es largo, la vida breve'. Se quiere decir que cualquier trabajo importante requiere mucho tiempo. Es una expresión de Hipócrates.

Aurea mediocritas: 'dorada medianía'. Con esta expresión de Horacio se designa el estado de quien es feliz con su medianía, es decir, el que no es demasiado ambicioso, ni demasiado pobre ni demasiado rico. Se refiere a un modo de vivir tranquilo, sin agitación.

Ave, Caesar, morituri te salutant: 'Salve, César, los que van a morir te saludan'. Pronunciaban estas palabras los gladiadores romanos antes del combate y desde la tribuna imperial.

Beatus ille: 'feliz aquel'. Tópico literario que ensalza la vida retirada. Son palabras de Horacio.

Carpe diem: 'agarra el día, el tiempo'. Tópico literario que invita a aprovechar el tiempo (en especial la juventud), y a gozar de la vida porque es corta. De Horacio.

Casus belli: 'caso de guerra'.

Contra naturam: 'contra la naturaleza', 'antinatural'.

Corpore insepulto: 'con el cuerpo sin sepultar', es decir, 'de cuerpo presente'.

Corpus: 'cuerpo'. Hoy se emplea con el sentido de conjunto ordenado y extenso de datos o textos científicos.

Curriculum vitae: relación de títulos, honores, cargos, trabajos realizados, datos biográficos, etc. de una persona.

De facto: 'de hecho'. Se opone a *de iure* ('de derecho').

Déficit: falta o escasez.

Dei gratia: 'por la gracia de Dios'.

Delirium tremens: 'delirio con temblores'. Se produce por exceso de bebidas alcohólicas.

Desiderátum: 'lo deseado'. Objeto y fin de un deseo vivo y constante, es decir, 'el no va más'.

Divide ut regnes: 'divide y vencerás'.

Do ut des: 'doy para que des'. Es decir, cuando doy, espero recibir algo a cambio.

Ecce homo: 'he aquí el hombre'. Son las palabras pronunciadas al ser presentado Jesucristo por Pilato. Todo junto, *eccehomo*, significa, en sentido figurado, 'persona lacerada, de aspecto lastimoso'.

Ergo: 'por lo tanto, por consiguiente'.

Ex abrupto: 'de repente'.

Ex aequo: 'por igual, con igualdad'.

Ex cathedra: 'desde la cátedra (de S. Pedro)'. Se emplea cuando el Papa dice o define verdades relativas a la fe o a las costumbres. Por extensión, significa también 'en tono magistral'.

Ex profeso: 'expresamente, con deliberación' (no existe *exprofesamente*, ni tampoco *exproceso*).

Gratis et amore: 'gratis y por amor'. Se emplea cuando no se cobra por un trabajo hecho.

Grosso modo: 'a grandes rasgos', 'de modo general', 'aproximadamente'.

Habeas corpus: derecho de un ciudadano detenido preso a comparecer inmediata y públicamente ante un tribunal o un juez.

Hábitat: habitáculo o estación de una especie animal o vegetal.

Hic et nunc: 'aquí y ahora'.

Ibídem: 'allí mismo' o 'en el mismo lugar'.

Ídem: 'el mismo', 'lo mismo'.

In aeternum: 'para siempre'.

In albis: 'en blanco', 'con la mente en blanco'.

In articulo mortis: 'en el momento final de la vida; en el artículo de la muerte'.

In extremis: 'en los últimos instantes de la vida o de una situación peligrosa':

In illo tempore: 'en aquel tiempo'.

In medias res: 'en medio de las cosas'. Son palabras de Horacio, y se aplican a la narración que comienza en medio de la acción. Se opone a la narración *ab ovo*, 'desde el principio'.

In mente: 'en la mente'.

In perpetuum: 'para siempre'.

In saecula saeculorum: 'por los siglos de los siglos'.

In situ: 'en el mismo lugar'.

Inter nos: 'entre nosotros'.

Ipso facto: 'por el mismo hecho'; 'inmediatamente', 'en el acto'.

Lapsus calami: 'error de pluma'. Error mecánico que se comete al escribir.

Lapsus linguae: 'error de la lengua'. Error involuntario que se comete al hablar.

Lato sensu: 'en sentido amplio'.

Locus amoenus: 'lugar ameno, agradable'. Es un tópico literario, un paisaje o huerto con árboles frutales, flores, aguas cristalinas, etc.; es decir, un vergel.

Magister dixit: 'lo dijo el maestro'. Con estas palabras, los escolásticos presentaban como argumento irrebatible la opinión del maestro. Equivale a la expresión coloquial "lo dijo Blas, punto redondo".

Manu militari: 'con mano militar', 'por la fuerza'.

Mare magnum: 'multitud confusa de cosas', 'barullo'. Está castellanizada como *maremagno*.

Máxime: 'sobre todo'.

Máximum: 'lo mayor', 'lo más grande', 'lo máximo'.

Modus operandi: 'modo de obrar'.

Modus vivendi: 'modo de vivir'.

Motu proprio: 'por propia voluntad'. No existe *de motu propio*.

Mutatis mutandis: 'cambiando lo que haya que cambiar':

Nemine discrepante: 'por unanimidad', 'sin discrepar nadie'.

Nemo dat quod non habet: 'nadie da lo que no tiene'.

Nihil novum sub sole: literalmente, 'nada nuevo bajo el sol'. Es un tópico literario que significa que todo se repite o que permanece constante; es decir, que un determinado hecho no aporta nada novedoso.

Nihil obstat: 'nada impide'.

Nolens, volens: 'no queriendo, queriendo'; es decir, 'quieras o no', 'por fuerza'. También se dice **velis nolis**.

Nosce te ipsum: 'conócete a ti mismo'. Esta expresión procede de la traducción de una inscripción griega que figuraba en el frontón del templo de Apolo en Delfos.

Nota bene: 'anota bien', 'advierte bien'. Con esta expresión se encabezan observaciones o explicaciones que se añaden a un escrito. Se abrevia N.B.

Per fas et per nefas: 'por una cosa o por otra', 'por bien o por mal'.

Per se: 'por sí', 'por naturaleza'.

Plácet: 'beneplácito', 'aprobación'. Se emplea sobre todo en el lenguaje diplomático.

Post meridiem: 'después del mediodía'.

Primum vívere, deinde philosophare: 'primero vivir, después filosofar'. Con esta frase, los antiguos se dirigían a los que se dedicaban a teorizar o discutir, pero no eran prácticos a la hora de vivir.

Pro forma: 'en cuanto a la forma', 'de acuerdo con los requisitos legales'.

Quid: 'qué'. Se refiere a la parte más importante de algo. Se emplea con frecuencia en la expresión "es el quid de la cuestión".

Quid pro quo: 'una cosa por otra'. Se designa con esta expresión un error que consiste en tomar a una persona o cosa por otra, es decir, en confundirla. (Atención: esta expresión no significa lo mismo que *do ut des*).

Quórum: número de individuos necesario para que un cuerpo deliberante tome ciertos acuerdos.

Rara avis: 'ave rara'. Se aplica a una persona o cosa que se considera poco común porque tiene alguna característica que la diferencia de las demás.

Réquiem: 'descanso'. Es una composición musical que se canta en la misa de difuntos.

Sic: 'así'. Se emplea en escritos para dar a entender que una palabra o frase es textual, aunque parezca raro.

Sine die: 'indefinidamente'.

Sine qua non: 'sin la cual no'. Se emplea esta expresión con los sustantivos *condición* o *causa*, para indicar que esa condición o causa son indispensables.

Statu quo: '(en) el estado en que', '(en) el estado actual', '(en) el mismo estado'. Se emplea la expresión como sustantivo para referirse a un estado de cosas en un momento determinado. Ojo, no es correcta la deformación *status quo*.

Stricto sensu: 'en sentido estricto'. Se opone a *lato sensu*: 'en sentido amplio'.

Sub iudice: 'bajo el juez'. Se denota que una cuestión está pendiente de resolución judicial'.

Sui generis: 'de su género'. Indica la rareza de una persona o cosa.

Superávit: exceso de algo. Lo que sobra.

Sursum corda: 'arriba los corazones'. Es una manifestación de júbilo. Se ha sustantivado coloquialmente como *sursuncorda*, que se refiere a un supuesto personaje anónimo de mucha importancia.

Tabula rasa: 'tablilla rasa', 'con la mente en blanco, vacía, sin conocimientos'. También se emplea para indicar que se prescinde de algo importante como si no existiera.

Tempus fugit: 'el tiempo pasa'. Otro tópico literario sobre el paso del tiempo. Aparece con frecuencia en los relojes de pared.

Totum revolutum: 'revoltijo'; 'conjunto de muchas cosas sin orden'.

Ubi sunt: '¿Dónde están? '. Tópico literario que se refiere a los recuerdos o evocaciones de personas del pasado, a la transitoriedad de la vida humana.

Urbi et orbi: 'a la ciudad (de Roma) y al mundo'. Se denomina así a la bendición del Papa para indicar que se extiende a todo el mundo.

Vade retro (, Satanas): 'vete para atrás', 'retírate, Satanás'. Se emplea para rechazar a una persona o para impedir que se nos acerque.

Vademécum: literalmente, 'anda conmigo'. Se llama así a un libro de consulta de escaso tamaño en el que se obtiene una información inmediata, y especialmente al libro que llevan los médicos, que contiene una lista de medicamentos y sus propiedades e indicaciones.

Veni, vidi, vici: 'llegué, vi, vencí'. Esta expresión se refiere a la rapidez con que se consigue algo. Son las palabras que dijo César al Senado tras su victoria sobre Farnaces.

Verbi gratia: 'por ejemplo'. Su abreviatura es *v. gr*.

Vis comica: 'fuerza cómica'.

Vox populi: 'voz del pueblo'. Indica que algo es del dominio público.

CONCEPTOS DE ENUNCIADO, ORACIÓN, FRASE. EL SINTAGMA: CONCEPTO, CLASES Y FUNCIONES. ORACIÓN SIMPLE, COMPUESTA Y COMPLEJA. ALGUNOS PROBLEMAS SINTÁCTICOS DEL ESPAÑOL

1. Identifique oraciones y frases

1. Ofertas en Leclerc.
2. Tienes una mancha en la camisa.
3. Levante la mano antes de hablar.
4. Gol en el último minuto.
5. No me gusta este restaurante.
6. Dos de agosto de 2019. Viernes.
7. Tiene que revisar el tique de compra.
8. Estuve más de media hora en la parada del autobús.
9. ¿Esto es normal?
10. No se ven los montes desde aquí.
11. Cervezas a 50 céntimos.
12. Ese gato anda todo el día suelto.
13. ¡Manos arriba!
14. Cerrado por vacaciones.
15. Un hígado a partir de células madre.
16. Año de nieves, año de bienes.
17. ¡Que se vaya ya!
18. Mal tiempo para Semana Santa.
19. ¡Buena suerte en el examen!
20. De tal palo, tal astilla.

2. Señale los sintagmas que constituyen estas oraciones. Analice sus componentes e identifique su función

1. Me levanto a las ocho todos los días.
2. Arturo caminaba muy lentamente.
3. Salga de mi despacho ahora mismo.
4. Con ese argumento no puedes convencer a nadie.

5. Estuvieron hablando en la esquina dos horas.

6. Pedro, cuéntale un cuento a tu hermano.

7. El pobre hombre estaba muy cansado después de tan larga caminata.

8. ¡Cómete esa manzana de una vez!

9. María llevó el abrigo por si acaso.

10. Sinceramente, no me gustan los dulces.

11. A nosotros nos convence más el rojo.

12. No se dio cuenta de su terrible error.

13. Vamos a Barcelona en primavera.

14. Hay demasiados trastos en esta casa.

15. Está todo el día ocupado en sus cosas.

16. Visitará Madrid la semana próxima.

17. Te escribiré una carta desde la estación.

18. Esa noche llamaron dos veces a la policía.

19. El servicio de urgencias está colapsado.

20. La reunión será en el despacho de arriba.

3. *A partir de los textos que siguen, señale todo lo que considere relevante respecto del sintagma: estructura (elementos nucleares y complementos), tipos según el núcleo y funciones. Justifique su comentario con ejemplos de los textos, y señale los criterios que le han permitido identificar los distintos tipos y funciones de los sintagmas*

El rape, de carne firme y pobre en espinas, es uno de los pescados más apreciados y de los más adecuados para los niños, Rebozado, es un clásico muy aceptado; además, su suave sabor permite multitud de preparaciones. Una de ellas, poco conocida pero riquísima, es el rape con piña. La combinación de pescado y fruta no es nueva, y, desde el punto de vista dietético, es una mezcla muy interesante. La fruta añade vitaminas, agua y fibra al pescado, y este aporta proteínas de alta calidad biológica. Una buena idea para preparar el rape con piña es cocer el rape en agua aromatizada con pimentón, y combinarlo con rodajas de piña natural. Es una pareja ideal, sobre todo si el rape está cocido en su punto, ni crudo ni demasiado hecho. Además, es un plato ligero y fácil que puede tomarse frío.

"Jugoso y digestivo". *Magazine*, 28-VII-2013 (texto adaptado)

Más de 14 000 trabajadores navarros corren el riesgo de perder parte de sus salarios y de sus derechos laborales a partir del próximo lunes. Es el plazo que queda a la patronal y a los sindicatos para desbloquear la situación de los convenios colectivos [...]. Entre los sectores afectados se encuentran el del transporte de mercancías, el de la enseñanza privada, la fontanería o la industria textil.

Diario de Navarra, 4-VII-2013 (texto adaptado)

4. Clasifique las oraciones que siguen en simples, complejas o compuestas. Indique, en el caso de las compuestas y complejas, el tipo de oración

1. Se compró unas tijeras que no cortaban ni el papel.
2. Enciende la luz, por favor.
3. Antes de que se entere por el periódico, se lo voy a decir yo.
4. Me ha dicho que preste más atención en adelante, y que no va a ponerme una multa.
5. La cartelera de esta semana está muy apetecible, pero no tengo un minuto libre.
6. El pueblo ha conservado con mimo la casa donde nació el escultor, y todos los veranos abre las puertas a cientos de visitantes.
7. Se ha quedado jugando en su cuarto con el ordenador.
8. Le prohíbo que vuelva a poner los pies en esta escuela.
9. Aunque parece amable, tiene un genio difícil de soportar.
10. No salgas ahora; ya voy yo.
11. Fue a la biblioteca y pidió prestado un libro.
12. Cuando se enteró de la noticia, corrió a felicitar a sus compañeros.
13. Los adolescentes aceptan consejos siempre que se respete su autonomía.

14. Está tan contento con su traje nuevo que no se lo quita para nada.

15. Siéntese aquí para que pueda examinarle la garganta.

16. Como no me llamaste, me quedé en casa.

17. Quiero agradecer a todo el personal la atención que me ha prestado.

18. La gente con más inteligencia emocional tiene mejor salud mental y física.

19. Hoy arrecia la lluvia y se esperan vientos de 100 km/h en el tercio norte.

20. Por mucho que insistas no lo vas a convencer.

21. Si me cuentas la verdad, te prometo que no le diré nada a nadie.

5. En el texto que sigue, identifique las estructuras oracionales y distinga oraciones simples, complejas y compuestas. Justifique su respuesta

Los límites de velocidad de las calles de Pamplona cambian. Esta medida se enmarca en el Plan de Seguridad Vial, y afectará sobre todo a algunos barrios, aunque hay calles localizadas en casi todos. El proceso comenzará en las próximas semanas mediante el cambio de 324 señales verticales y 168 señales horizontales. La inversión que requerirá esta modificación será de 72 908 euros.

Según comentan desde el Ayuntamiento, la probabilidad de que un impacto de un vehículo resulte mortal o muy grave está fuertemente vinculada a la velocidad de los vehículos que colisionan.

Como han explicado el concejal delegado de Seguridad Ciudadana y el director del área, la idea del Consistorio es convertir gradualmente en calzadas de velocidad limitada a 30 todas las calles de Pamplona de una dirección y sentido, y algunas de características de tráfico similares.

Diario de Navarra, 29-V-2012 (texto adaptado)

6. Identifique y comente los problemas gramaticales que observe en los enunciados que siguen. Proponga una versión correcta si lo cree necesario

1. La mayoría de nuestros clientes están satisfechos con este establecimiento.
2. Un rebaño de ovejas aparecieron en mitad de la Gran Vía.
3. No me convence ni pertenezco a este partido.
4. Con diez sesiones son suficientes.
5. Aunque la directiva había avisado de la posibilidad de cerrar la empresa, pero los trabajadores se sorprendieron al escuchar la noticia por la radio.
6. Una cafetera es cuando pones agua, se calienta, sube y filtra el café.
7. El próximo curso escolar se contratarán en Navarra a 781 profesores interinos.
8. Se comentó en la sede del partido las declaraciones del presidente.
9. La fiscalía investiga si se filtró a Podemos datos del caso Villarejo.
10. Sería bueno que se expulsaran a los ultras del estadio.
11. Hasta el momento, la recuperación de las obras parecen bastante dudosas.
12. Una cosa es seguro: que no nos van a hacer caso.
13. La víctima del atentado estaba soltero.
14. Dedicar un tiempo a la lectura es necesaria.
15. Yo me parece que las cosas no son como cuenta la prensa.
16. Haría falta mayores controles en los aeropuertos.
17. Les prometo que se atenderá todas las peticiones.
18. A los profesores no se le tienen en cuenta las horas que dedican a preparar las clases.
19. Estos son los pianistas a quien tanto admiráis.
20. Nunca le ocultaré a tus padres lo que hiciste conmigo.
21. ¿Qué te pareció los informes que preparó nuestro departamento?
22. Sirvieron un aperitivo y una cena excelente.
23. Tenemos que pensar en una situación que nos adaptemos.
24. Nosotros nos gustaría que vinieras a casa más a menudo.
25. Escriban diez palabras que comiencen con la misma letra que termina la anterior.

7. Comente y corrija las incorrecciones gramaticales de los siguientes textos[1] (tenga en cuenta también los signos de puntuación). Intente identificar las causas de los problemas que aquí se reflejan

Es increíble, pero cierto, que nuestra ciudad sea una de las capitales del país con más pintadas de signos políticos, sobre todo, y en otros casos de una forma ofensiva hacia las creencias y a las personas. Una vergüenza.

Cada día más uno siente que le manejan la vida, como si tú mismo no pudieras decidir qué hacer o no hacer con ella. [...] Se nos ha olvidado salir a la calle a la aventura, si llovía cogías el paraguas y si hacía sol salías a la ventana para comprobar la temperatura y te calzabas un niki de manga corta. Hoy antes de tomar una decisión consultamos el tiempo, y por si fuera poco cada día te tienes que chupar en la tele de 15 a 20 minutos de previsiones que en su mayor parte no sirven para nada, ya que en aquellas que debieran evitar catástrofes casi nunca aciertan y aquí hemos tenido la prueba recientemente.

El problema que quiero denunciar no es grave ni trascendental, pero estoy aburrida y saturada de que unos y otros se pasen la pelota, dejando al consumidor con cara de tonta en este caso, y una impotencia brutal ante un mamoneo de ires, venires, dires y diretes. Las compañías de teléfonos móviles te bombardean con sus llamadas, y además a la hora crítica de la comida, ofreciéndote ofertas, contraofertas y demás.

Es muy curioso también el tema de las piscinas municipales: unos pueblos las abren y otros no aduciendo no sé qué cosas o argumentos. Me figuro que los protocolos sanitarios serán para todos iguales creo yo... A eso se le llama echar balones fuera y sálvese quien pueda [...] Lo que tenemos que tener bien claro los ciudadanos es que tenemos que aprender a convivir con el dichoso virus [...] Hay dos palabras, para mi forma de ver las cosas, que son claves: producir y consumir. Porque si no nos cargamos el invento.

---

1. Los textos que aquí se reproducen son fragmentos adaptados, tomados de cartas de los lectores pertenecientes a la sección de opinión del *Diario de Noticias* y del *Diario de Navarra*.

EL SUSTANTIVO. CLASES DE SUSTANTIVOS. LAS CATEGORÍAS DE GÉNERO Y NÚMERO. EL ADJETIVO: LA EXPRESIÓN DEL GRADO. SUSTANTIVO Y ADJETIVO: FUNCIÓN Y TRANSCATEGORIZACIÓN

1. Clasifique semánticamente los sustantivos del siguiente texto. Comente en qué casos se produce recategorización

A Juan le gustan los días de lluvia. En el coche de su padre, camino del colegio, piensa que va dentro de una película de ciencia-ficción. Los cristales empañados de las ventanillas, las gotas de agua, los limpiaparabrisas en movimiento, el humo del tubo de escape de los coches, la niebla, la atmósfera cerrada y el rumor acuático hacen que todo resulte brumoso, incierto, como los efectos especiales de un sueño o de una película de ciencia-ficción.

Finalmente volverá la primavera. Los árboles se quitarán su abrigo gris y adornarán su piel con maquillaje verde. Un verde poco parecido a la piel de los marcianos, un verde saludable, luminoso, vegetal, como las palabras "abril", y "mayo". El cielo llamará a los pintores para que le den una buena mano de pintura, un azul poderoso que tape las manchas y los desconchones del frío. Y cuando los pintores del cielo terminen su trabajo, llegarán otra vez los exámenes finales, las vacaciones, las piscinas, y Juan dejará de levantarse a las ocho menos cuarto de la mañana.

Luis García Montero, Lecciones de poesía para niños inquietos

2. Clasifique los sustantivos que siguen atendiendo a su género. Consulte algunas obras lexicográficas (DLE, DPD, DUE, DEA)

colega	soprano
dinamo	yerno
apendicitis	espiral
autoridad	pleamar
tilde	bebé
votante	asma
cisma	avestruz
hambre	linde
criatura	persona
caparazón	aceite
eximente	asistente
mugre	armazón
joven	editorial
antifaz	color
azúcar	hombre
artista	personaje
ligazón	gañán
bajamar	cliente

3. Explique los motivos de la elección del género en los sustantivos señalados en cursiva

1. Llegó con la *color* mudada.
2. Hace una *calor* insoportable
3. Estudia *arte* dramático.
4. La escuela se ha especializado en *artes* plásticas.
5. Me gustaría estudiar ciencias del *mar*.
6. La *mar* estaba agitada.
7. No me gusta el café con tanta *azúcar*.
8. Prefiero el *azúcar* moreno.

4. Señale la forma que toman estas palabras cuando se refieren a profesiones o condiciones relativas a mujeres. Consulte y anote la información que aportan los diccionarios y la última edición de la Gramática académica

abogado
árbitro
catedrático
arquitecto
médico
presidente
coronel
director
cofrade
físico
fiscal
ginecólogo

juez
piloto
mendigo
sargento
geólogo
estudiante
concejal
crítico
sastre
cantante
peatón
reo

bedel
ingeniero
capitán

teniente
huésped
torero

5. Indique el plural de los siguientes sustantivos.
Consulte *el* Diccionario Panhispánico de Dudas

crisis	dúplex
bambú	faz
fórceps	sur
bíceps	adiós
tez	mandamás
crisis	hábitat
referéndum	eslogan
carácter	chófer
dominó	stop
jersey	robot
rey	club
champú	bonobús
bigudí	tórax
campus	bonsái

6. Comente las las categorías de género y número en los sustantivos de los textos que siguen

El puerto estaba a oscuras, ya que no podía considerarse como luz la de uno que otro farol, y los cigarrillos de los oficiales de policía que esperaban junto al portón entornado. Las cosas se perdían en la sombra unos pocos metros más allá, y el olor espeso del puerto en verano se aplastó en la cara de los que empezaban a bajar, disimulando la perplejidad o el regocijo. Ya Don Galo se instalaba en su silla, el chofer la hacía rodar hacia el portón donde el inspector encaminaba al grupo.

Julio Cortázar, *Los premios*

Los pantalones los doblas por la noche para que no se arruguen. También te pongo hilo y aguja para los botones. Y no te remangues los jerseys, que se anchan, y la ropa cuesta mucho, Y cuando llegues donde vayas, no te olvides de escribir, que sepamos dónde estás. Aquí va un bote de polvos de talco para las manchas de grasa. Te lo das corriendo y luego te cepillas bien. Dios mío, qué habremos hecho para merecer este castigo.

Luis Landero, *Juegos de la edad tardía*

7. En el texto que sigue, compare las categorías de sustantivo y adjetivo. Señale si hay casos de transcategorización

En la plaza de la Cebada, junto a la tahona "La Espiga de oro" está el restaurante económico "La Alegría". Fachada modesta y encalada, tiene un amplio letrero donde puede leerse "3 comidas, cenas 3". El escaparate, pequeño como una ventana, está cargado de productos alimenticios que rodean un famélico cordero, para tentación del viandante. En el cristal no falta, en lugar visible y con firmes trazos blancos, el letrero de "hay callos" y, sujeta con esparadrapos, la lista de precios irrisorios.

El local es relativamente amplio, con zócalos de azulejos desconchados y techos altos, mesitas cubiertas de manteles chillones a cuadros y sillas de madera. La parroquia, no muy numerosa —todavía es pronto— es bastante desaseada y dispar: una vieja, algún viajante, un par de tipos de edad indefinible y gabanes mugrientos, una rubia cuarentona oxigenada y pintarrajeada y nosotros dos, Luis y yo, representantes del brazo estudiantil.

Una radio pequeña, cubierta de su correspondiente tela a cuadros, ameniza el local con música estridente.

Pedro Lozano Bartolozzi, *Retorta de las letras y conjuro de las musas.*
Alfabeto pictórico de Bartolozzi (texto adaptado)

8. En el texto que sigue, señale y comente los recursos que se emplean para expresar grado (comparativo y superlativo)

Hay días en los que tras ver la tele, mirar los periódicos o escuchar la radio, cualquiera que pueda hacerlo se pregunta qué hace aquí en vez de estar viviendo en otro sitio. Y cuando eso ocurre, como supongo que les pasa a otros, hay un truco que no me falla casi nunca: voy a un bar de barrio, me apoyo en el mostrador, pido una cerveza y un pincho de tortilla, tiendo la oreja y a los cinco minutos una sonrisa me despeja el horizonte [...]

Me pasó ayer con un taxista. Había estado oyendo por la radio a un político embustero, analfabeto y sin complejos, especie cada vez más abundante. Luego me subí al taxi con la nube negra ofuscándomelo todo, pero me tocó un conductor locuaz —a veces son un martirio y otras una bendición—, y al poco estaba yo fascinado por un monólogo que para sí lo habría querido el gran Leo Harlem. Tenía dos hijos adolescentes, dijo: hija mayor, de 16 años, e hijo menor, de 14. Acababa de hablar con ellos por teléfono y estaba tan desesperado como si estuviera echando las muelas. Y el relato que me hizo entre Atocha y Diego de León fue una antología de hijos y padres; un retrato sociológico perfecto en el que cualquiera que haya tenido o tenga vástagos de esa edad puede reconocerse y reconocerlos.

La hija, aseguraba el taxista, es clásica de manual: de las que tecleas en Google *hija adolescente* y sale su foto: «Digo por ejemplo que algo es rojo, y sin ni siquiera mirarlo me dice que no tengo ni idea de colores. Luego argumenta como una catedrática, hasta volverme loco, por qué lo que yo veo rojo no es rojo. Y después de ponerme la cabeza hecha un bombo, acaba diciendo que tal vez sea de color burdeos». En cuanto al hijo quinceañero, también es otro clásico, pero en estilo muchacho: «Le digo que esto es rojo, se lo queda mirando y me pregunta qué gana él con eso [...]»

En cuanto a los amigos de una y otro, no fallan. Ella tiene dos o tres amigas muy amigas y siempre están mandándose mensajitos y enfadadas entre ellas: «Le habla a ésta y no le habla a aquélla, se pelea y se reconcilia con una u otra». Con el chico, sin embargo, ocurre lo contrario: «Todos los amigos, hasta los más cabroncetes, le caen bien. Es majo, dice todo el rato de todos. Fulano le ha dado un navajazo a un profesor, pero es un tío majo».

Uno de los pulsos más difíciles, sigue contando el taxista, se lo echan sus hijos cuando les pide que bajen a comprar algo al súper de la esquina: «Si se lo digo a ella, inevitablemente escucharé una de estas tres preguntas: ¿Cómo voy a ir si he quedado con una amiga? ¿Qué me pongo para bajar? o ¿Cómo voy a ir si no tengo ropa?... [...]»

«La vida del taxista es dura», intento consolarlo mientras le pago la carrera, pues hemos llegado al fin del trayecto. Y entonces él me dirige por el retrovisor una mirada de resignación, suelta una risita sardónica y responde: «¿Dura, dice usted?... Para duro lo que tengo yo en casa».

Arturo Pérez-Reverte, "Los hijos del taxista", *XL Semanal*, 11-XI-19

9. En el texto que sigue, compare las funciones sintácticas de sustantivos y adjetivos

Muchos años después, frente al pelotón de fusilamiento, el coronel Aureliano Buendía había de recordar aquella tarde remota en que su padre lo llevó a conocer el hielo. Macondo era entonces una aldea de veinte casas de barro y cañabrava construidas a la orilla de un río de aguas diáfanas que se precipitaban por un lecho de piedras pulidas, blancas y enormes como huevos prehistóricos. El mundo era tan reciente, que muchas cosas carecían de nombre, y para mencionarlas había que señalarlas con el dedo. Todos los años, por el mes de marzo, una familia de gitanos desarrapados plantaba su carpa cerca de la aldea, y con un grande alboroto de pitos y timbales daban a conocer los nuevos inventos. Primero llevaron el imán. Un gitano corpulento, de barba montaraz y manos de gorrión, que se presentó con el nombre de Melquíades, hizo una truculenta demostración pública de lo que él mismo llamaba la octava maravilla de los sabios alquimistas de Macedonia. Fue de casa en casa arrastrando dos lingotes metálicos, y todo el mundo se espantó al ver que los calderos, las pailas, las tenazas y los anafes se caían de su sitio, y las maderas crujían por la desesperación de los clavos y los tornillos tratando de desenclavarse, y aun los objetos perdidos desde hacía mucho tiempo aparecían por donde más se les había buscado, y se arrastraban en desbandada turbulenta detrás de los fierros mágicos de Melquíades.

Gabriel García Márquez, *Cien años de soledad*

El PRONOMBRE PERSONAL: SIGNIFICADO, FORMA Y FUNCIÓN. PRONOMBRES SUJETO. FORMAS DE TRATAMIENTO. VALORES DE *SE*. CUESTIONES NORMATIVAS: LEÍSMO, LAÍSMO Y LOÍSMO. ORDEN DE COLOCACIÓN DE LOS PRONOMBRES ÁTONOS

1. Identifique las funciones y los significados de los pronombres personales en los enunciados que siguen

1. Te lo contaré cuando haya pasado todo.

2. Escríbeme una postal, que las colecciono.

3. Estuvo a punto de conseguirlo, pero el concursante de Madrid ganó, por fin, el premio.

4. El azul está bien, pero a mí me gustan más los colores cálidos.

5. Lávate las manos antes de comer.

6. Cuando terminen el examen, entréguenlo en la mesa principal. A la salida les devolverán el carné.

7. A vosotros os gustan ese tipo de películas, ¿verdad?

8. Ella es un poco engreída, y creo que su amiga también lo es.

9. Tú no sabes nada de esto.

10. Deje usted el coche ahí. Le echaré un vistazo y le avisaré cuando termine.

2. Analice la presencia (y ausencia) del pronombre sujeto en el texto que sigue. Identifique los referentes de los pronombres y personas verbales

Justo antes de cenar llaman al timbre. Es una amiga. Sube. Inmediatamente, observando su careto, noto que algo pasa, está chunga, depre, triste. Se sienta en el sofá, yo también me siento sin abrir la boca; en tales situaciones prefiero cerrar el pico, ya se lanzará ella cuando le plazca.

Como ella tampoco suelta palabra y el silencio comienza a pesar, le propongo un cubata. Acepta torciendo el morrillo. Me da las gracias esbozando una de esas sonrisas que dicen "qué buena persona eres". Odio ser buena persona porque es muy complicado hacerte millonario siendo buena persona; sin embargo, desgraciadamente, igual lo soy. En fin... Entonces, tras el primer sorbo, se le escapa una lágrima.

R. Palomar, "Doble sesión", *Las provincias*, 13-II-1997

3. Identifique las formas de tratamiento que se emplean en los siguientes textos. Compárelos y señale qué causas provocan las diferencias

Estimado profesor/a:

Ante el comienzo del próximo curso académico, desde la Tienda Universitaria estamos especialmente interesados en seguir ofreciendo un buen servicio a los alumnos de la Universidad de Navarra y poder tener a su disposición la bibliografía que precisen para el primer semestre.

Por ello nos gustaría contar con su colaboración y nos sería de gran utilidad que pudiera informarnos de la bibliografía obligatoria y/o recomendada de la asignatura que usted imparte en la Facultad de Filosofía y Letras.

Le escribo con suficiente antelación para poder tener su confirmación antes de que finalice este curso académico. De esta manera, podremos ofrecer un servicio de calidad y tener los libros disponibles para el próximo 1 de septiembre.

Agradeciendo de antemano su colaboración, reciba un cordial saludo,

XXX

Estimada XXX,

En su día, te enviamos una nueva tarjeta con tecnología EMV que sustituye a tu actual tarjeta de banda magnética. Tu nueva tarjeta funciona con PIN y te ofrece mayor seguridad en tus compras.

A día de hoy, hemos observado que no has utilizado tu nueva tarjeta con chip o sigues operando con tu anterior tarjeta de banda magnética. Te informamos que a partir del 30 de junio, tu tarjeta nº xxx dejará de estar operativa.

Por eso, debes sustituir tu anterior tarjeta, y comenzar a usar la nueva tarjeta con chip EMV. Si no recuerdas el PIN, o en el caso de que no hayas recibido esta tarjeta o la hayas extraviado, acude por favor a tu oficina habitual para solicitar una nueva.

Es muy importante porque, te lo volvemos a recordar, a partir del 30 de junio tu anterior tarjeta (con banda magnética) no estará operativa.

Recibe un saludo,

XXX

Estimada Inma:

Soy Juan Valenzuela, alumno de Historia de la Universidad de Navarra; como alumno de Historia de la Universidad de Navarra me gustaría decirle que estamos pensando en hacer un grupo para agrupar a los alumnos que quieren participar para ver películas históricas. Lo que pasa es que necesitamos un aula todos los miércoles por el mediodía, y nos reuniremos a las dos y luego hasta las cuatro menos cuarto o y pico, y nos ha dicho un profe que le digamos a usted porque te encargas de esto de las aulas para saber si nos dejas reservar este aula que tenga un proyector y que tenga un vídeo y que tenga una pantalla tan bien. Pues nada, ya me dirás qué le parece y a ver si se puede. Gracias.

Hasta otra,

4. Identifique las formas verbales y pronominales características del voseo en este diálogo

Mafalda: Tomá. Pensaba quedarme con el vuelto de la panadería para comprarme caramelos, pero no pude. ¡Y todo por el maldito inquilino que empezó con que eso está muy mal, y que no se hace, y qué se yo!

Mamá: ¿Inquilino? ¿Qué inquilino?

Mafalda: Ese que uno tiene adentro. ¿Vos no sentís a veces como si adentro tuyo tuvieras un inquilino que te dice cosas?

Mamá: Claro. Pero no es ningún inquilino, sino la voz de la conciencia la que a todos nos dice cosas, como a vos.

Mafalda: Como a mí, ¡sí! ... ¡Mirá si a un general su conciencia va a atreverse a tutearlo!

Quino, *Toda Mafalda*

5. Distinga los distintos se que aparecen en las siguientes oraciones. Identifique su función cuando sea posible

1. Se lo regalé.
2. Se vive bien en España.

3. Se arreglan electrodomésticos de todas las marcas.

4. Eso se sabe desde hace mucho tiempo.

5. María se peina a lo "afro".

6. Si quiere quejarse, vaya usted al director.

7. Están todo el día peleándose.

8. Después de comerse un cordero entero se zampó una docena de pasteles.

9. Dice que se arrepintió enseguida de lo que había hecho.

10. Se compra oro.

11. Esto ya se lo expliqué ayer.

12. La policía se ha incautado de diez quilos de cocaína.

13. Se escriben desde hace mucho tiempo.

14. Se escriben cartas, invitaciones, solicitudes e instancias.

15. Se ha empeñado en estudiar dos carreras a la vez.

16. Tiene que tomarse el jarabe tres veces al día, no se olvide.

17. Se dice que esta pintura es una falsificación.

18. Que se las arregle como pueda, yo no quiero saber nada.

6. Identifique los pronombres personales en los enunciados que siguen. Señale su función y su significado

1. Lo pensó él, no yo.

2. Siéntense ustedes.

3. A su amiga la recibió con frialdad.

4. Tengo un regalo para vos.

5. No me gusta el chocolate.

6. María y José se respetan.

7. Se arrepintió de lo que había dicho.

8. Se lo explicaré más despacio.

9. Estudié con ellos toda la carrera.

10. Vosotras no sabíais lo que iba a pasar.

11. Pedro se peina con raya.

12. ¿Le apetece tomar algo?

13. El perro se ha comido el jamón.

14. ¿Está usted seguro?

15. A ellas les conviene el horario de tarde.

7. Entre los siguientes pares de oraciones, elija la que considere más correcta. Justifique su elección (tenga en cuenta las indicaciones del Diccionario Panhispánico de Dudas)

1. A sus amigos les escribió desde el tren / los escribió desde el tren.

2. Lo interrogaron sobre el robo de las joyas / le interrogaron sobre el robo de las joyas.

3. Lo preguntaron sobre su implicación en el caso / le preguntaron sobre su implicación en el caso.

4. Lo preguntaron pormenores sobre su implicación en el caso / le preguntaron pormenores sobre su implicación en el caso.

5. Lo pegaron en el portal de su casa / le pegaron en el portal de su casa.

6. Es María; ábrela tú que yo estoy ocupado / ábrele tú que yo estoy ocupado.

7. Lo han llamado imbécil delante de todos / le han llamado imbécil delante de todos.

8. La han llamado para que sustituya a un trabajador enfermo / le han llamado para que sustituya a un trabajador enfermo.

9. A los periodistas les informó de los sucesos del partido / los informó de los sucesos del partido.

10. Es un corredor magnífico; nadie puede ganarlo / nadie puede ganarle.

11. Las advertiremos de los riesgos de este trabajo / les advertiremos de los riesgos de este trabajo.

12. A todos los asustó mucho cuando les habló de cerrar la empresa / A todos les asustó mucho cuando los habló de cerrar la empresa.

13. Le han llamado ignorante delante de toda la clase / lo han llamado ignorante delante de toda la clase.

8. Identifique, comente y corrija, en su caso, las incorrecciones en el uso de los pronombres personales

1. Yo salí de casa y yo cogí el autobús y yo llegué tarde a trabajar.
2. Compré el regalo y le escondí para que no le encontrara.
1. Aquel niño lloraba porque su madre lo pegaba.
2. No la gustan los dulces.
3. Es María. Ábrela.
4. A su hermana le quiere más que a nadie.
5. Separó a un lado la pelota y la dio una patada.
6. Sé que a tu hija le castigaron en el colegio.
7. Tengo un piano pero no sé tocarle.
8. Me entregue las notas, por favor.
9. Me explique este problema, si no le importa.
10. Sacúdansen las botas antes de entrar.
11. No te se ocurre nunca nada importante.
12. ¿Sabes lo que le dijeron a vuestros padres?
13. En aquel momento volví en sí.
14. Estás acabado: ya no das más de sí.
15. Me ponen fuera de sí todo el día peleándosen.
16. No quepo en sí de alegría.
17. Yo sé que tú no las tienes todas consigo.
18. Pronto te encontrarás con ti mismo.
19. Juan siempre va hablando por la calle con él mismo: es una persona muy rara.
20. Te lo voy a decir, pero no se lo cuentes a nadie.
21. Se tiene que tomar esta pastilla cada ocho horas.
22. Me llevo tres horas riendo con esta revista.
23. Lo quisiera poder hacer.
24. Se lo estuve a punto de dar.

ARTÍCULO, DEMOSTRATIVO, POSESIVO, NUMERAL, INDEFINIDO. CUESTIONES NORMATIVAS. EL RELATIVO. USOS DE LOS RELATIVOS. CUESTIONES NORMATIVAS

1. Identifique los determinantes, adjetivos pronominales y pronombres en el texto que sigue

Este lugar es un misterio, Daniel, un santuario. Cada libro, cada tomo que ves, tiene alma. El alma de quien lo escribió, y el alma de quienes lo leyeron y vivieron y soñaron con él. Cada vez que un libro cambia de manos, cada vez que alguien desliza la mirada por sus páginas, su espíritu crece y se hace fuerte. Hace ya muchos años, cuando mi padre me trajo por primera vez aquí, este lugar ya era viejo. Quizá tan viejo como la misma ciudad. Nadie sabe a ciencia cierta desde cuándo existe, o quiénes lo crearon. Te diré lo que mi padre me dijo a mí. Cuando una biblioteca desaparece, cuando una librería cierra sus puertas, cuando un libro se pierde en el olvido, los que conocemos este lugar, los guardianes, nos aseguramos de que llegue aquí. En este lugar, los libros que ya nadie recuerda, los libros que se han perdido en el tiempo, viven para siempre, esperando llegar algún día a las manos de un nuevo lector, de un nuevo espíritu. En la tienda nosotros los vendemos y los compramos, pero en realidad los libros no tienen dueño. Cada libro que ves aquí ha sido el mejor amigo de alguien. Ahora sólo nos tienen a nosotros, Daniel. ¿Crees que vas a poder guardar este secreto?

Carlos Ruiz Zafón, *La sombra del viento*

2. En los enunciados que siguen, comente todo lo que considere relevante en cuanto al uso de determinantes, adjetivos pronominales y pronombres. Identifique y corrija las incorrecciones que encuentre

1. El examen tendrá lugar en las aulas del primer piso.
2. Aquí tenemos el último ejemplar de la águila autóctona.
3. En todo este área no se ha encontrado rastro alguno de los terroristas.
4. Pronto recibiré la alta médica.
5. Pronto recibiré el alta médico.
6. A ver si firmáis pronto ese acta.
7. Prohibido fumar en todo el área.
8. En todo África nunca se vio una situación tan trágica.
9. Con ese arma tan poco afilado poco podéis hacer.

10. ¡Cuánto hambre tengo!

11. Sacamos todo ese agua del pozo.

12. En aquel aula no cabía nadie más.

13. Pasó la piedra por encima vuestro.

14. Ponte aquí, delante nuestro.

15. Reanudaremos las clases cualquiera sea la actitud del Ministerio.

16. Justo detrás vuestro está el libro.

17. Se sentó cerca tuya.

18. Eres un cabezota: siempre te sales con la suya.

19. La mayoría de alumnos prefiere hacer hoy el examen.

20. El director y el secretario presentaron ambos informes (cada uno el suyo).

21. Mis primos vinieron a casa con sus sendas esposas.

22. El delantero metió sendos goles en el segundo tiempo.

23. Es la catorceava vez que te lo digo.

24. Ya he llegado al capítulo onceavo de la novela.

25. Solo he recibido el veinte por cien del sueldo base.

26. El resto de personas se retiró a reflexionar.

27. Intentaremos que seas un pianista el día de mañana.

28. Bastaría una poca de solidaridad para acabar con el hambre en el mundo.

29. Es la quinceava vez que me pregunta lo mismo.

30. Tan solo una dieciochoava parte de la población está contenta con su sueldo.

31. Se han recogido veintiuna mil solicitudes para este curso.

32. Ha dibujado veintiún tarjetas diferentes para la boda.

33. Es el primer y último aviso que te hago; no vuelvas a llegar tarde.

34. Nos visitó el Consejero de Economía y Director General de Patrimonio.

35. Han decidido enterrar la hacha de guerra.

36. Tengo un hambre canina.

3. Identifique los relativos en los enunciados que siguen y señale su función

1. Es un niño cuyos modales lo hacen insoportable.

2. Trabajó doce años con su hermano mayor, por el que sentía una gran admiración.

3. La empresa se ha visto obligada a reducir costes, por lo cual se han suprimido todas las máquinas de café.

4. Trataron de transmitirme un modelo de comportamiento y unos valores que me sirvieran para toda la vida.

5. El que mejor se conserva es el abuelo Miguel.

6. Mañana por la tarde revisaremos los modelos que se fabricarán a partir del año próximo.

7. Es una persona de la que te puedes fiar siempre.

8. De todos los departamentos, el que más ha rendido este año ha sido el de compras.

9. Merece la pena conocer los pueblecitos por los que pasa este tren.

10. Vamos al bar ese en el que ponen unos pinchos de tortilla enormes.

11. Este tipo de ropa está pensado para los que quieren vestir bien sin gastar mucho dinero.

12. Al terminar la cena, se despidió de los compañeros con quienes había compartido cinco años de estudios.

13. Por fin he comprado el libro del que tantas excelencias me contabas.

14. Todo el mundo comenta que el tipo con el que pasea del brazo es ese actor tan famoso.

15. ¡Cómo se nota que has sido tú quien ha escrito esto! ¡Es magnífico!

4. Señale si son o no correctas las construcciones de relativo. Comente cada caso

1. En el tren que íbamos a París viajaba una famosa actriz.

2. Con los compañeros que trabajo en la oficina no tengo problemas.

3. Nunca olvidaré el año que nos conocimos.

4. No me acuerdo bien del asunto que el profesor habló en la conferencia.

5. Con la herramienta que apreté aquella tuerca he conseguido aflojar este tornillo.

6. Me he comprado un piso estupendo, el cual tiene casi doscientos metros.

7. Lo que no estoy de acuerdo es con que tengamos que participar todos.

8. Estos son los motivos por los cuales hemos cancelado la reunión

9. Volvió a casa el día que se casaba su hermana.

10. En la casa que vives hay demasiados vecinos.

11. Ayer asistí a un concierto de Verdi, cuya obra me parece excelente.

12. La multitud entre que se escondió ocupaba toda la calle.

13. Se lanzó por un balón que sabía que no iba a llegar.

14. Es por esto que no quiero contar nada a nadie.

15. Es una persona que nos acordamos mucho de ella.

16. Los votos que disponemos no son suficientes.

17. Por fin me envió una carta, cuya carta venía a decir lo mismo que me había explicado por teléfono.

18. Sus compañeros le han comprado una radio como regalo de despedida, cuya radio suena muy bien.

19. Estos autores de los cuales conocemos sus obras serán estudiados más adelante.

20. Los dueños del local han colocado unos aparatos de refrigeración que hacen demasiado ruido, por cuyo motivo los denunciaremos.

21. El que más relación tengo es con el vecino del cuarto.

22. Es un hombre que sus actuaciones son extrañas.

23. He leído una novela que su protagonista es un perro.

EL VERBO. CARACTERÍSTICAS Y CLASIFICACIÓN DEL VERBO ESPAÑOL. PROBLEMAS SINTÁCTICOS DE ALGUNOS VERBOS

1. Clasifique y caracterice los siguientes verbos. Explique su criterio

tronar	andar
abolir	haber
acaecer	operarse
quejarse	caber
sonarse	dormir
tener	ser

2. Señale si existe alguna incorrección en los enunciados que siguen. Proponga las correcciones que estime necesarias

1. No tocar. Recién pintado.
2. En primer lugar, señalar que nosotros no estamos de acuerdo con lo que dice el documento.
3. Ves al armario y me traes la chaqueta verde.
4. Me enviaron una caja conteniendo libros.
5. Para terminar, decir que deseamos que hayan disfrutado de esta conferencia.
6. Se aprobó la ley reformando las tarifas aduaneras.
7. Les acompañará un guía conociendo la ciudad.
8. Poneros los abrigos, que hace frío.
9. Oyes, tú, sal de ahí inmediatamente.
10. Necesito una secretaria sabiendo inglés.
11. ¡Salir, que viene el jefe!
12. Estésen preparados. Desen cuenta de lo que puede ocurrir.
13. Ya es tarde. Marchémosnos.
14. Los interesados, preguntar por Pilar.
15. El ladrón huyó, deteniéndolo dos horas después.
16. Aquello que dijistes me molestó mucho.
17. Tu hijo, siendo muy alto, no lo es tanto como su abuelo.

18. Quitaros de aquí, que no puedo pasar.

19. Subieron en un tren dirigiéndose a Madrid.

20. Animarse, hombre.

21. Ojalá habrías estado aquí.

3. Señale las incorrecciones de los siguientes enunciados. Explique qué sucede con el verbo en cada caso

1. Habrán pocas personas en la reunión.

2. La ropa no me coge bien en el armario.

3. Nos hemos quedado en casa el paraguas.

4. Mariano se gusta de Maite.

5. Hacen veinte grados.

6. Los vigilantes del aeropuerto incautaron diez paquetes de cocaína.

7. Este profesor no comunica bien con los alumnos.

8. Tu problema es que no controlas bien delante de las cámaras.

9. No me simpatiza nada.

10. A este tío no hay quien lo calle.

11. Han dimitido al vicepresidente.

12. Me acuerdo que salía todos los jueves.

13. Cuando se advirtió de la presencia de alguien, volvió la cabeza.

14. Confío que salga bien.

15. Hay que pelear todos los balones.

16. Estas declaraciones no compaginan con las de la semana pasada.

17. Están a punto de haber tormentas.

18. Han dimitido al Primer Ministro.

19. Se alternarán las nubes y los claros en el norte de la Península.

20. Me antojé de un pollo asado y hasta que me lo comí no pude parar.

ADVERBIOS Y LOCUCIONES ADVERBIALES. PREPOSICIONES Y LOCUCIONES PREPOSICIONALES. CONJUNCIONES Y LOCUCIONES CONJUNTIVAS. CUESTIONES NORMATIVAS

1. Clasifique los adverbios que aparecen en los enunciados atendiendo a su estructura morfológica y su función

1. Está siempre distraído en clase.

2. Delante de la casa hay un perro enorme.

3. Es muy pronto para llamar.

4. Camina lenta y pesadamente.

5. Los que verdaderamente valen son poco conocidos.

6. Trabajas tan deprisa que no puedo seguirte.

7. Le agradezco mucho su ayuda.

8. No se desenvuelve bien en ese ambiente.

9. Posiblemente, las cosas salieron mal.

10. Esta cerveza sabe raro.

11. Siguieron río arriba hasta el pueblo más pequeño del valle.

12. Después de la clase hay que dejar el aula en perfecto estado.

13. Si antes era rico, ahora es todavía más.

14. Sinceramente, no puedo darte la razón.

15. No lo considero un privilegiado; antes bien, ha luchado incansablemente para llegar a su posición.

2. Señale los componentes de las locuciones adverbiales que siguen. Indique su categoría y explique el significado de la locución

por ahora
en especial
a propósito
de vez en cuando
a todo correr
en picado
de repente
a la mitad

ni en broma
a lo mejor
como por un tubo
sin ton ni son
de ninguna manera
a pies juntillas
para nada
de pasada

3. En el texto que sigue, identifique los adverbios y locuciones adverbiales, las preposiciones y locuciones preposicionales y las conjunciones y locuciones conjuntivas. Localícelos en el Diccionario de la Lengua Española

El Hospital García Orcoyen de Estella dispone, desde ayer, de un nuevo programa de cirugía ortopédica de corta estancia que permitirá atender en los próximos seis meses a cerca de 200 pacientes. La consejera de Salud, María Kutz, presentó hoy la nueva dotación de este centro médico [...].

En el caso del Hospital García Orcoyen, el programa se va a centrar en intervenciones de cirugía ortopédica, aquella dedicada a solucionar problemas de huesos de tipo crónico no provocados a causa de una fractura o traumatismo [...].

La nueva oferta es posible, fundamentalmente, gracias a la disponibilidad del quirófano dos tardes a la semana (lunes y jueves). Ello permite ahorrar al paciente cerca de un día en el hospital, ya que, a partir de ahora, ingresará por la mañana el mismo día de la intervención y no la víspera, como es necesario en el caso de las operaciones matinales. Tras ser intervenido, el usuario dormirá en el centro y, al día siguiente, si no existe ninguna complicación, será dado de alta antes de las 12 horas.

Diario de Navarra, 9-XI-2007 (texto adaptado)

4. Identifique las conjunciones y locuciones conjuntivas de los siguientes enunciados. ¿Qué tipo de proposición introducen?

1. Parece indudable que no va a cambiar la situación en los próximos años.

2. Pregúntale si estará ocupado a las siete.

3. Organizaremos esto conforme nos parezca.

4. Como no sabía cocinar, llamó a un italiano y pidió comida para todos.

5. Como no me cuentes qué ha pasado te quedarás sin postre.

6. Saldremos de casa en cuanto termine la película.

7. Nos ordenaron que dejáramos todo como lo habíamos encontrado.

8. Se comporta como un crío, así que está todo el día castigado en el pasillo.

9. Siempre que te veo me acuerdo del colegio.

10. Van a cerrar el museo, así que vamos a darnos prisa.

11. Dile que sí, que si no, no te va a dejar en paz.

12. Vive solo, pero está feliz.

13. Cállate o te hago callar.

14. Agustín ha recorrido medio mundo, mientras que su hermano no ha salido del pueblo.

15. Consiguió escapar del coche antes de que se incendiara.

16. Llevaba dos años sin trabajar, por eso se decidió a abrir su propia empresa.

17. Puedes llevarte mi coche con tal de que me lo traigas mañana a primera hora.

18. Sé que has salido antes de las ocho, porque te he llamado y no has contestado el teléfono.

19. Por mucho que lo intentó no consiguió terminar aquella maqueta.

20. Se enfadó tanto que no volvió a hablar con él.

21. Se llevó el premio gordo de la lotería, y eso que había comprado solo un décimo.

5. Comente y corrija, si lo cree necesario, los adverbios y expresiones adverbiales de los siguientes enunciados. Consulte el Diccionario Panhispánico de Dudas

1. Habló tranquilamente y claramente durante toda la conferencia.

2. Si te pones alante, verás mejor la película.

3. Si empieza a llover, entrad dentro.

4. Los cromos estaban abajo de la cama. Los he visto yo hoy.

5. Siga usted camino delante y encontrará la posada.

6. No sé cómo describírtelo. Es como muy atractivo.

7. Sabía de sobras que no le iban a hacer caso.

8. Para realizar este ejercicio, pónganse de pies.

9. Eso era mismamente lo que yo quería decir.

6. Corrija todo lo que considere incorrecto en cuanto al uso de preposiciones y locuciones preposicionales. Consulte el Diccionario Panhispánico de Dudas

1. Acaban de pitar una falta sobre un jugador del Madrid.

2. Con relación a este asunto, no tengo nada más que añadir.

3. Contra más se lo digo, menos caso me hace.

4. Dejé las llaves encima la mesa.

5. El Madrid pierde de dos goles.

6. Debes de aclarar el malentendido lo antes posible.

7. El infractor debe sufrir prisión bajo el artículo 251 del Código Penal.

8. El San Antonio se enfrentará ante el Barcelona mañana.

9. El trabajo debe de hacerlo él solo.

10. Estaba seguro que ocurriría.

11. Estás deseando de decírselo.

12. Vamos hacer un festival para recaudar fondos.

13. Esto, bajo mi punto de vista, no tiene ningún sentido.

14. Estos son los textos a comentar.

15. He comprado una linterna a pilas.

16. El Atlético juega hoy ante el Barcelona.

17. Mañana a la mañana me enseñarán el examen.

18. Me he comprado un champú a la glicerina que dicen que es una maravilla.

19. No se puede ir a contra corriente.

20. He respondido quince preguntas sobre veinte y me han suspendido.

21. Se obstinó por conseguirlo, y lo consiguió.

22. Es un adicto de las pastillas para dormir.

23. Tengo miedo que no me quieran escuchar.

24. Se tomaron medidas en base al comportamiento de la población.

25. El servicio contestador de Telefónica le informa de que no tiene mensajes.

26. Bajo mi punto de vista, tu prima no tiene razón.

27. Pienso de que lo volverá a intentar.

28. Estaba seguro que no ibas a contestar.

7. *Señale y corrija —cuando lo considere oportuno— las incorrecciones que encuentre, respecto de las conjunciones y locuciones conjuntivas, en los enunciados que siguen*

1. Queremos que lean las exigencias que hemos escrito; cuanto menos, las cinco primeras.

2. ¡Ojalá que venga!

3. ¡Qué bueno que está!

4. En cuanto que salga, le disparamos.

5. Es mejor que se lo diga él que que se entere por otro.

6. Te han aprobado, así es que ya no debes preocuparte.

7. De que lo sepa, os lo comunicaré.

8. Entre que esperamos, vamos a oír un rato la radio.

9. Yo nací en Madrid mientras tú naciste en Barcelona.

10. Conduciré yo a condición que no me digas nada.

11. No te daré la comida a menos de que me pidas perdón.

12. Ya ha ganado su equipo la Liga, así es que ya podemos estar tranquilos.

13. A la que sales de casa, pásate por la panadería.

14. Contra más me preocupo por él, menos caso me hace.

15. Había, cuando menos, cincuenta coches mal aparcados.

BIBLIOGRAFÍA PARA CONSULTAR

Moliner, María, *DUE: Diccionario de uso del español*. Madrid, Gredos, 2007, 2 vols.

Real Academia Española y ASALE, *DLE: Diccionario de la lengua española*. Madrid, Espasa Calpe, 2014, 23ª ed. Disponible en <https://www.asale.org/obras-y-proyectos/diccionarios/diccionario-de-la-lengua-espanola>.

Real Academia Española y ASALE, *DPD: Diccionario Panhispánico de Dudas*. Madrid, Santillana 2005. Disponible en <https://www.asale.org/obras-y-proyectos/diccionarios/diccionario-panhispanico-de-dudas>.

Real Academia Española y ASALE, *DA: Diccionario de americanismos*. Madrid, Santillana, 2010. Disponible en <https://www.asale.org/obras-y-proyectos/diccionarios/diccionario-de-americanismos>.

Real Academia Española y ASALE, *NGLE: Nueva gramática de la lengua española*. Madrid, Espasa Calpe, 2009-2011. Disponible en <https://www.rae.es/gramatica/>.

Romero, María Victoria, *La enseñanza del léxico español con fines específicos*, Pamplona, Eunsa, 2018.

Seco, Manuel, Olimpia Andrés y Gabino Ramos, *DEA: Diccionario del español actual*, Madrid, Aguilar, 2016, 2ª ed.